Bernd Willimek, Daniela Willimek

Musik und Emotionen

Bernd Willimek, Daniela Willimek

Musik und Emotionen

Studien zur Strebetendenz-Theorie

Deutscher Wissenschafts-Verlag (DWV)
Baden-Baden

Umschlaggestaltung: DWV in Zusammenwirken mit den Autoren

Bibliografische Information Der Deutschen Nationalbibliothek
Die Deutsche Nationalbibliothek verzeichnet diese Publikation in der Deutschen Nationalbibliografie; detaillierte bibliografische Daten sind im Internet über http://dnb.dnb.de abrufbar.

Bibliographic information published by Die Deutsche Nationalbibliothek
Die Deutsche Nationalbibliothek lists this publication in the Deutsche Nationalbibliografie; detailed bibliographic data are available in the Internet at http://dnb.dnb.de.

Information bibliographique de Die Deutsche Nationalbibliothek
Die Deutsche Nationalbibliothek a répertorié cette publication dans la Deutsche Nationalbibliografie; les données bibliographiques détaillées peuvent être consultées sur Internet à l'adresse http://dnb.dnb.de.

1. Auflage 2019
Gedruckt auf alterungsbeständigem, chlorfrei gebleichtem Papier

Deutscher Wissenschafts-Verlag (DWV)®
Postfach 11 01 35
D–76487 Baden-Baden

www.DWV-net.de
www.UniversityPress.de

ISBN: 978-3-86888-145-5

Inhaltsverzeichnis

Einleitung

Warum uns Musik emotional berührt, ist eine der spannendsten Fragen der Emotionsforschung, besteht sie doch nur aus leblosen Frequenzen, die keinen offensichtlichen Zusammenhang mit dem menschlichen Gefühlsleben erkennen lassen. Und doch wird Musik gerne als Sprache bezeichnet, als Sprache der Gefühle. Doch auf welche Weise Musik emotional wirkt, darüber gab es lange Zeit wenig gesicherte Erkenntnisse. Neue Möglichkeiten geben Anlass zur Hoffnung. Insbesondere die Hirnforschung mit ihrer computergestützten Bildgebung ermöglicht Einblicke, zu denen Forscher früher nicht einmal ansatzweise Zugang hatten.

Doch verfeinerte Messmethoden verlangen zugleich auch eine verfeinerte Betrachtung musikalischer Strukturen. Hier besteht nach unserer Beobachtung in der musikpsychologischen Forschung ein Ungleichgewicht, das sich mehr und mehr in biologisch-medizinische Richtung bewegt, dabei aber die musikalische Analyse nicht mit der notwendigen Aufmerksamkeit berücksichtigt. So stellt sich die Frage: Kann die Hirnforschung auch das Problem der Psychologie musikinduzierter Emotionen lösen?

Wir sind der Ansicht, dass man sich der Frage nach der emotionalen Wirkung von Musik immer nur mit einer gewissen Oberflächlichkeit annähert, wenn man die musikalische Analyse vernachlässigt. Insbesondere der von Komponisten zumeist ausgesprochen subtil behandelte Parameter der Harmonik wurde in der musikpsychologischen Forschung bislang weitgehend ausgegrenzt. Als Ausnahme sind etwa Imre Lahdelma und Tuomas Eerola[1] zu nennen, die Untersuchungen zur Wirkung von Akkorden durchführten, ohne jedoch hinsichtlich des musikalischen Kontexts und harmonischer Funktion zu differenzieren. Hierauf gehen wir in Kapitel 2.2 im Zusammenhang mit der Besprechung der Durtonika mit großer Septime näher ein.

Die Gründe für die bisherige weitgehende Vernachlässigung des Aspektes der emotionalen Wirkung musikalischer Harmonien mögen damit zusammenhängen, dass Parameter wie Tempo, Rhythmus oder Lautstärke auffälliger, auch für musikalische Laien erkennbar und damit in gewisser Weise plakativer hervorleuchten als wesentlich schwieriger zu verstehende harmonische Zusammenhänge. Bei unseren Untersuchungen haben wir beobachtet, dass Parameter wie Lautstärke, Rhythmus oder Tempo für die emotionale Wirkung von Musik zwar relevant sein können, dies jedoch vor allem in Verbindung mit der entsprechenden harmonischen Struktur im musikalischen Kontext.

Kein Zweifel besteht darüber, dass der emotionalen Wirkung von Klängen lange Zeit nicht genügend Aufmerksamkeit entgegengebracht wurde. So bemerken Sloboda und Juslin (2005, 767), dass das Verhältnis von Musik und Affekt in der musikpsychologischen Forschung *„bedenklich vernachlässigt"* wurde. Auch von unserer Seite her wurde diese Vernachlässigung bemängelt. Der Herausgeber der Zeitschrift *Musik-, Kunst- und Tanztherapie*, Karl Hörmann

[1] Vgl. Lahdelma, I., & Eerola, T. (2015). Theoretical Proposals on How Vertical Harmony May Convey Nostalgia and Longing in Music. Empirical Musicology Review, 10 (3), 245-263, online unter URL: http://emusicology.org/article/view/4534/4151 [15.02.2019].

(2014, 97), formuliert es in seinem Aufsatz *Ton-Psychologie* so: *„Mit tieferen Kenntnissen der Musikpsychologie als Gebiet der musikalischen Wirkungsforschung, die sich nicht auf die im gegenwärtigen mainstream herrschende Statistik beschränkt, die für künstlerisches Musizieren weitgehend irrelevant ist, wie B. und D. Willimek (2014) zurecht kritisieren, kann sich ein orginärer und orgineller künstlerischer Austausch im ganz besonderen individuellen Tun und seiner unverkennbaren expressiven Wirkung entfalten."*

Wohl fehlte es nicht an älteren interessanten Forschungsansätzen, die man mit modernen wissenschaftlichen Methoden schon eher hätte weiterentwickeln und empirisch untermauern können, was aber lange Zeit nicht geschah. Neben den Schriften Ernst Kurths (1969) ist hier vor allem das Buch *The Language of Music* von Deryck Cooke (1959) hervorzuheben, das konkrete charakterliche Eigenschaften vorwiegend von Intervallen beschreibt. Diese Ausführungen wurde von uns in einigen Punkten aufgegriffen und weiterentwickelt (vgl. Willimek und Willimek, The Theory of Musical Equilibration and the Use of Stimulus Chords in Romantic Lieder 2018).

Wir stellen in diesem Buch die Strebetendenz-Theorie vor, die eine Möglichkeit zur Erklärung der emotionalen Wirkung von Harmonien formuliert. Sie zeigt einen Weg, die Wirkung dur-moll-strukturierter Musik vom psychologischen Standpunkt her zu begreifen, indem sie durch Musik vermittelte Emotionen als Identifikationen mit abstrakten Willensvorgängen darstellt (vgl. Willimek und Willimek, Sound and Emotions/The Theory of Musical Equilibration 2018). Wir zeigen, dass Emotionen dann musikalisch darstellbar sind, wenn sie auf abstrakte Willensinhalte zurückgeführt werden können. Dabei konzentrieren wir uns primär auf einen wesentlichen Bestandteil der Musik, die Harmonie, und argumentieren direkt an diesem Material. Die Harmonie ist das Konzentrat der Musik, kann sie doch melodische und andere musikalische Prozesse, die sonst nur innerhalb eines gewissen Zeitintervalls darstellbar sind, auf einen einzigen Zeitpunkt zusammenführen. Die Psychologie der Harmonie ist eine Basis für die Psychologie der musikalischen Gefühle. Anhand zahlreicher Musikbeispiele zeigen wir, dass sich emotionale Charaktere musikalischer Harmonien nicht nur systematisch auflisten, sondern auch plausibel begründen und empirisch nachweisen lassen, wenn sie in einem Rahmen präsentiert werden, der zur Entfaltung ihres Ausdrucksgehalts notwendig ist.

Nachdem wir bereits in den 1990er-Jahren bei formlosen Befragungen von Personen zur emotionalen Wirkung von Harmonien vielversprechende Ergebnisse erhalten hatten, entwarfen wir eine Studie, an der über 2000 Probanden aus deutschen Schulen in Europa, Asien, Australien, Nord- und Südamerika von 1997 bis 2011 teilnahmen. Darunter waren auch die Wiener Sängerknaben[1] und die Regensburger Domspatzen. Die Beobachtung der Präferenzen musikalischer Harmonien, bei denen die Probanden mit großer Mehrheit übereinstimmten,

[1] Vgl. Willimek, D. (2010). Mit gespitzten Ohren, in Neue Musikzeitung, online unter URL: https://nmz.de/artikel/mit-gespitzten-ohren [17.02.2019].

korrelierten mit der Herleitung und der Begründung der emotionalen Wirkung von Harmonien durch die Strebetendenz-Theorie.

Gestützt wurden unsere Beobachtungen durch die Ergebnisse umfangreicher Analysen, die wir seit 2018 hauptsächlich am Beispiel von Textvertonungen der romantischen Liedliteratur, der Popmusik sowie der Filmmusik vorgenommen haben und die wir im Rahmen dieses Buches schwerpunktmäßig vorstellen. Aufgrund der unmittelbaren Vergleichsmöglichkeit von Textstelle und musikalischer Harmonie im kompositorischen Kontext halten wir Textvertonungen für besonders geeignet, Rückschlüsse auf mögliche Ausdrucksgehalte musikalischer Harmonien zu ziehen. Bei diesen Analysen ergaben sich grundsätzliche Übereinstimmungen mit den Herleitungen der emotionalen Wirkung musikalischer Harmonien durch die Strebetendenz-Theorie.

Auch lassen sich durch die Strebetendenz-Theorie manche Beobachtungen anderer Forscher, wie etwa Alf Gabrielsson (2001), John Anthony Sloboda[1] oder David Huron (2006), begründen. Diese hatten in Versuchen bestimmte Musikpassagen – zum Beispiel solche, die auf Quintfallsequenzen (siehe S. 91) basieren - als emotional besonders wirkungsvoll identifiziert.

Einen wichtigen Ansatz zum Verständnis der Psychologie des Musikhörens hat unserer Ansicht nach der Musikwissenschaftler Ernst Kurth (1969, 1) in seinem Werk *Musikpsychologie* beschrieben. Auch wenn er seine Erkenntnisse vorwiegend aus der eigenen Erlebnissphäre schöpfte, so fand er doch zu einem wesentlichen und sicherlich allgemeingültigen Schluss: *„Denn wenn auch der Toneindruck kein ‚Gegenstand' ist, so wird er gleichwohl in der innern Verarbeitung vergegenständlicht, und das ist der Ansatz für weitere Verwandlungen, die an ihm selbst vorgenommen werden."* Auch Hermann von Helmholtz (2013, 593) erkannte, dass wir *„zusammengesetzte Aggregate von Empfindungen als die sinnlichen Symbole einfacher äußerer Objekte auffassen"*. Physisch wahrgenommene Frequenzen erfahren demnach eine innere Übersetzung in eine andere Wesensqualität, bevor sie als Musik erlebt und verstanden werden.

Beim Vergleich von wahrgenommenen Tönen mit materiellen Erscheinungen beschrieb Ernst Kurth (1969, 80) die Vorstellung von *„potentieller Energie"* jedoch irreführend: Seine Beschreibungen verleiten zu dem Schluss, potentielle Energie könne man durch reines Fühlen identifizieren. Auf diesen irreführenden Vergleich hat Bernd Willimek bereits als Student in seiner Diplomarbeit *Das musikalische Raumphänomen* (1987) hingewiesen und den Zusammenhang durch die Beschreibung von Identifikationen mit Willensvorgängen neu dargestellt. Auch die daraus entwickelte Arbeit *Die Strebetendenz-Theorie* (B. Willimek 1998) beschreibt die Wahrnehmung harmonischer Abläufe als Identifikation des Hörers mit Willensvorgängen. Hierdurch ergeben sich ein neues Verständnis des Phänomens Leitton und die Möglichkeit, die

---

[1] Vgl. Sloboda, A. (1991). Musical Structures and Emotional Response/Some Empirical Findings, online unter URL:
https://www.researchgate.net/publication/209436058_Music_Structure_and_Emotional_Response_Some_Empirical_Findings [18.04.2019]

emotionale Wirkung musikalischer Harmonien innerhalb dur-moll-strukturierter Musik auf eine psychologisch nachvollziehbare Weise zu erklären.

Dieses Buch erhebt nicht den Anspruch auf Vollständigkeit, was die besprochenen musikalischen Harmonien und deren emotionale Charaktere betrifft. Auch setzen wir in unseren Erläuterungen nicht den „Idealhörer" voraus, allenfalls den „empfindsamen Hörer", dem sich unter bestimmten Voraussetzungen die hier beschriebenen musikalischen Ausdrucksmöglichkeiten eröffnen.

Welche Voraussetzungen das im Einzelfall sind, ist jedoch nicht Thema dieses Buches. Vielmehr geht es uns darum, die emotionalen Ausdrucksmöglichkeiten musikalischer Harmonien darzustellen. Auch zeigen wir, dass Komponisten Gebrauch von diesen Ausdrucksmöglichkeiten machen und dass emotionale Charaktere musikalischer Harmonien auch von „Normalhörern" mehrheitlich erkannt werden.

Weil ein derart weites Forschungsfeld wie das der emotionalen Wirkung von Musik einer klaren Strukturierung hinsichtlich musikalischer und kultureller Parameter bedarf, konzentrieren wir uns in diesem Buch auf dur-moll-strukturierte Musik. Diese ist auch gemeint, wenn im Folgenden von Musik die Rede und kein anderer Hinweis angegeben ist. Atonale Werke sowie diejenigen anderer Kulturen sollten besondere Berücksichtigung in eigenen Arbeiten verdienen.

1 Theoretischer Teil

1.1 Die Strebetendenz-Theorie

Die Strebetendenz-Theorie wurde von Bernd Willimek entworfen und gemeinsam mit Daniela Willimek zur heutigen Fassung weiterentwickelt. Sie bietet ein Erklärungsmodell für die emotionale Wirkung musikalischer Harmonien und formuliert eine Zusammenstellung von emotionalen Charakteren musikalischer Harmonien. Sie beschreibt diese Charaktere psychologisch als Folge von Identifikationen des Musikhörers mit Willensinhalten, die musikalisch encodiert sind.

Die Strebetendenz-Theorie wurde erstmals 1997 in Vorträgen an der Hochschule für Musik Karlsruhe sowie an der Universität Rostock vorgestellt und im Jahr darauf publiziert (B. Willimek 1998). Sie ist seither unwiderlegt und steht wissenschaftlich ohne Alternative da. Untersuchungen mit zahlreichen Probanden im In- und Ausland (siehe S. 111) ergaben eine auffällige Übereinstimmung bei der Zuordnung von Musikbeispielen zu emotionalen Charakteren im Sinne der Strebetendenz-Theorie.

1.1.1 Die Grundaussage

Die Grundaussage der Strebetendenz-Theorie ist folgende:

Durch Musik vermittelte oder hervorgerufene Emotionen wie etwa Wut, Trauer, Einsamkeit oder Sehnsucht lassen sich auf Identifikationen mit abstrakten Willensinhalten zurückführen und durch Identifikationen mit abstrakten Willensinhalten erklären.

Im Umkehrschluss lassen sich Emotionen, die nicht auf abstrakte Willensinhalte zurückgeführt werden können, wie beispielsweise Neid, Eifersucht, Hass, Verlegenheit, Langeweile, Mitleid, Verachtung, Scham oder Ekel, auch nicht musikalisch vermitteln oder hervorrufen.

Nähere Erläuterungen zum Verständnis der Grundaussage der Strebetendenz-Theorie finden sich auf den folgenden Seiten. Ab Seite 17 widmen wir uns der praktischen Anwendung der Strebetendenz-Theorie auf Harmonien und Intervalle. Zur Frage, welche Emotionen musikalisch darstellbar sind, beziehen wir uns auf eine empirische Studie von Gunter Kreutz (siehe S. 16).

Die durch die Strebetendenz-Theorie beschriebenen Willensinhalte in der Musik ergeben sich in gewissem Sinn als Umkehrung der von Ernst Kurth (vgl. 1969) beschriebenen Kräftewahrnehmungen beim Hören von Musik. Was für Ernst Kurth Wahrnehmungen von Strebewirkungen in Tönen sind, erklärt die Strebetendenz-Theorie als Identifikationen des Hörers mit Willensinhalten **gegen** die vermeintlichen Strebewirkungen. Wenn Kurth also von einer zur Tonhöhenveränderung strebenden Terz im Durakkord spricht, erklärt die Strebetendenz-Theorie dies als Identifikation des Musikhörers mit einem Willen gegen die Tonhöhenveränderung der Terz.

Eine wesentliche Rolle spielt dabei außerdem der schon von Ernst Kurth beobachtete psychische Akt der inneren Übersetzung des physisch erfahrenen Tons in eine andere Wesensqualität. Ein gehörter Ton wird nicht als Frequenz empfunden, nicht in seinem Wesen als Frequenz erkannt. Stattdessen wird er *„in der innern Verarbeitung vergegenständlicht"* (Kurth 1969, 1). Bei dieser Vergegenständlichung wird gewissermaßen aus einem Vorgang ein Objekt. Angelika Abel (1982, 10) sagt: *„So wird der Ton als einfaches Objekt wahrgenommen, obwohl er in Wirklichkeit ein zusammengesetztes Aggregat von Teiltönen, d.h. ‚Elementen der Empfindung' ist."* Bei der näheren Beschreibung dieses „Objektes Ton" gehen die Ansichten jedoch auseinander. Will man allen entsprechen, lässt sich ein erlebter Ton kaum näher beschreiben als ein „abstraktes Objekt".

Keinen Zweifel gibt es darüber, dass sich ein als vergegenständlicht erlebter Ton nicht als sinnvoll in unsere materielle Welt eingegliedert erfahren lässt. Im Sinne der Strebetendenz-Theorie ist das jedoch gerade der Grund, warum wir Musik emotional erleben: Willensvorgänge, die nicht näher definierbare abstrakte Objekte betreffen, können vom Hörer als pure, gegenstandlose Willensregungen erfahren werden, die für die Fantasie verschiedene Möglichkeiten offenlassen. Diese Schlussfolgerungen führen uns zurück zu Friedrich Nietzsches Beschreibungen des Willens in der Musik (Siehe S. 15).

Dieser Wille in der Musik, mit dem sich ein Hörer identifiziert, kann im Sinne der Strebetendenz-Theorie entweder ganz ohne Subjekt oder als zu einer mehr oder weniger konkret vorgestellten Person gehörend erlebt werden, weil die Musik keinen Hinweis darauf geben kann, mit wessen Willensinhalt sich ein Hörer identifiziert. Mit „Identifizieren" meinen wir Miterleben im Bewusstsein, dass man als Person nicht direkt von diesen Willensinhalten betroffen ist, sondern in der Vorstellung miterlebt.

Ebenso anonym wie diese Willensinhalte erscheinen aus demselben Grund auch die Emotionen, die ein Hörer beim Musikhören erlebt, wenn er die durch Musik erfahrenen Willensinhalte in Emotionen übersetzt. Vergleichbar sind sie zwar mit Emotionen, die man etwa beim Ansehen eines Films oder beim Lesen eines Romans erfährt (vgl. Keppler 1995, 85ff), denn auch da erlebt man Gefühle mit und weiß, dass diese Gefühle nicht die eigene Person betreffen, und kann sich normalerweise leicht davon distanzieren. Der wesentliche Unterschied zwischen einerseits Film und Roman und andererseits Musik liegt jedoch darin, dass Film und Roman Figuren anbieten, mit denen man sich identifizieren kann, während die Identifikation in der Musik mehr oder weniger anonym verlaufen kann. In diesem Fall halten wir den Begriff der „anonymen Empathie" für angebracht.

1.1.2 Sind Charaktere von Harmonien intersubjektiv nachweisbar?

Dass emotionale Charaktere musikalischer Harmonien in hoher Übereinstimmung von unterschiedlichen Personen in ähnlicher Weise empfunden werden, zeigte sich bei zunächst formlosen Befragungen, die wir im Rahmen unserer Unterrichtstätigkeit in hoher Zahl evaluieren konnten. Auf dieser Basis entwickelten wir zwei musikalische Präferenztests, den sogenannten Rocky-Test (siehe S. 112ff), der international mit über 2000 Probanden in vier Kontinenten durchgeführt wurde, und den sogenannten Basis-Test (siehe S. 115ff). Die Ergebnisse dieser Studien geben deutliche Hinweise darauf, dass die Harmonie ein wesentliches Kriterium dafür ist, dass bestimmte Musikbeispiele als passend zu bestimmten Emotionen präferiert werden. Da zahlreiche Beispiele aus der musikalischen Literatur, die wir ebenfalls in diesem Buch vorstellen, in ähnliche Richtung weisen (siehe S. 17ff), stützen diese Ergebnisse unsere Annahme, dass Charaktere musikalischer Harmonien intersubjektiv nachweisbar sind. Sicherlich sind dazu noch weitere Untersuchungen nötig, doch glauben wir mit den vorliegenden Ergebnissen eine brauchbare Basis für zukünftige Forschungen geschaffen zu haben.

1.1.3 Der Vorhalt bei Ernst Kurth

Zum weiteren Verständnis der Strebetendenz-Theorie gehen wir noch einmal zurück zu Ernst Kurth. Seine musikpsychologische Auffassung wird anhand folgenden Zitats grob umrissen (Kurth 1969, 13f):

> *„...man vergegenwärtige sich nur, wie ein Ton c, erst für sich (oder mit dem C-Dur-Akkord) angeschlagen, mit Energien geladen scheint, sobald man zu ihm das Tonpaar g – d anschlägt: wie diese Töne ihn in ihren Akkordton h (b) hinabdrängen, welche Spannung zum ‚erklingenden' Empfindungsinhalt hinzukommt; man nennt das von alters her die Vorhaltswirkung und bedenkt nicht, daß [!] doch die gewaltige Zugkraft in einem Vorhaltston zu den größten psychischen (nicht akustischen!) Merkwürdigkeiten gehört; ebenso das Hineinschwellen von Vorhaltsspannungen in Töne, die harmonisch konsonieren".*

Während einige Musikwissenschaftler Ernst Kurth eine zu willkürliche Gleichsetzung von materiellen und musikalischen Erscheinungen vorwarfen, weist Helga de la Motte-Haber (1984, 13) darauf hin, dass Kurths Beschreibungen von *„Spannung, Kraft und Energie [...] typisch [...] für die Musikbetrachtung der zwanziger Jahre"* seien. Lukas Haselböck (2010, 162) formuliert seine Kritik an Ernst Kurth so:

> *„Auch heute bereitet uns Kurths Zielrichtung, empirisches und spekulatives Denken zu verbinden, Schwierigkeiten. So könnte man versucht sein, diese im Sinne einer spezifisch kulturhistorischen Bedingtheit zu verstehen, angesichts derer sich die Frage aufdrängt, ob man Kurths Denken heute überhaupt noch aktuelle Perspektiven abgewinnen könne."*

Aus unserer Sicht sind die Gründe dafür, dass die Lehre Ernst Kurths relativ unbeachtet blieb, vor allem auf einer anderen Ebene zu suchen. Denn Kurth beschreibt die Vorhaltswirkung als gegenwärtige sinnliche Wahrnehmung einer Tendenz zu einer zukünftigen Veränderung, beziehungsweise als sinnliche Wahrnehmung einer außerhalb seiner Person bestehenden Absicht zu einer zukünftigen Veränderung (vgl. Kurth 1969, 13). Dies ist aber mit den Naturgesetzen nicht vereinbar, selbst wenn dabei nur rein gedankliche Vorstellungen gemeint sind.

Verändert man den Anfang der oben zitierten Beschreibung Ernst Kurths im Sinne der Strebetendenz-Theorie, so ergibt sich eine Darstellung des gleichen Zusammenhangs, die unserer Ansicht nach allen Bedenken von psychologischer und physikalischer Seite her standhält und außerdem für das Verständnis der emotionalen Wirkung von Musik praktisch nutzbar ist. Die veränderte Beschreibung der Vorhaltswirkung Kurths sollte dann folgendermaßen beginnen:

> *„...man vergegenwärtige sich nur, wie man sich bei einem Ton c, erst für sich (oder mit dem C-Dur-Akkord) angeschlagen, mit einem Willen gegen die Verwandlung in den Ton h (b) identifiziert, sobald man zu ihm das Tonpaar g – d anschlägt;...“* (vgl. Kurth 1969, 13).

Im folgenden Abschnitt wird auf verschiedene Arten gezeigt, dass Ernst Kurth den betreffenden Sachverhalt nicht korrekt beschreibt und die Strebetendenz-Theorie eine nachvollziehbare Alternative dazu darstellt.

1.2 Was ist ein Leitton?

In der Musiktheorie wird ein Leitton oder Strebeton als Ton behandelt, der aufgrund seiner Strebung mit der Erwartung oder dem Wunsch gekoppelt ist, eine Melodie auf eine bestimmte Weise fortzuführen (vgl. Honegger und Massenkeil, Das große Lexikon der Musik 1981, 92). Das Moser Musiklexikon (1955, 685) nennt Leittonenergie *„gewissermaßen elektromagnetische Bewegungskraft“*. Jedoch lassen sich derartige Beschreibungen von Strebewahrnehmungen allein mit Mitteln der Logik widerlegen. Um dem auch in Fachkreisen weitverbreiteten Missverständnis, dass Leittöne streben könnten, entgegenzuwirken, widmen wir uns diesem Thema ausführlicher. Hierzu übertragen wir den betreffenden Zusammenhang gedanklich auf außermusikalische Situationen. Dies geschieht in den folgenden Abschnitten auf drei unterschiedliche Weisen.

1.2.1 Optische Signale streben nicht: Das Auto vor der Ampel

Angenommen, wir stehen mit dem Auto vor einer Ampel, die gerade Rot zeigt. In dieser Situation warten wir darauf und wünschen uns, dass die Ampel von Rot auf Grün wechselt. Trotzdem würde hier niemand von einer "Strebetendenz" der Farbe Rot zu Grün sprechen. Solange die Ampel Rot zeigt, zeigt sie unverändert Rot und lässt keinerlei "Strebung" zu Grün erkennen. Wir wissen genau, dass wir selbst derjenige sind, der auf die Farbe Grün wartet.

Dieser Vergleich legt nahe, dass Kurths oben genannte Definition der Leittonwirkung nicht haltbar ist. Denn die Fähigkeit zu unterscheiden, die wir als Autofahrer vor der Ampel zweifelsohne haben, müssen wir auch dem Musikhörer zugestehen: Der Wunsch oder die Erwartung einer bestimmten Melodiefortführung können nicht das Erlebnis einer Strebung evozieren.

1.2.2 Man kann Tendenzen nicht fühlen: Das Auto am Berg

Das folgende Beispiel zeigt, dass es nicht möglich ist, über die menschlichen Sinne äußere Tendenzen zu Zustandsänderungen zu erfühlen. Hierzu stelle man sich folgende Situation vor: Ein Autofahrer A sitzt in seinem Kleinwagen, der mit gelöster Handbremse, in Fahrtrichtung abwärtsgerichtet, an einem Berghang steht. Der Kleinwagen rollt trotz gelöster Handbremse nicht den Berg hinunter, weil der vor dem Fahrzeug befindliche Begleiter B des Fahrers sich mit aller Kraft dem Fahrzeug entgegenstemmt.

Der Ton *c* aus Kurths Beschreibung der Vorhaltswirkung (siehe S. 10) soll dem Auto entsprechen, die Töne *g* und *d* entsprechen der Schwerkraft. Der Musikhörer entspricht dem Begleiter B, der sich angestrengt gegen den Wagen stemmt und behauptet, den Druck zu spüren, mit der das Gewicht des Wagens nach unten drängt. So sehr sich Begleiter B auch beklagen mag, mit welcher Wucht er den Drang des Wagens zum Hinunterrollen spürt, ist er in dieser Aussage leicht widerlegbar. Autofahrer A müsste dazu nur heimlich die Handbremse anziehen, so dass der Wagen nicht mehr hinunterrollen kann. Dann würde sich nämlich zeigen, dass es Begleiter B, solange der Wagen in Ruhe ist, gar nicht merken würde, wenn die Handbremse des Wagens plötzlich angezogen wird. Wenn es Begleiter B aber gar nicht merkt, wenn der Drang des Wagens zum Hinunterrollen auf einmal nicht mehr besteht, kann er ihn auch vorher nicht gespürt haben.

Was manchem seltsam erscheinen mag, ist physikalisch erklärbar. Begleiter B kann den Drang des Wagens zum Hinunterrollen nicht spüren, auch wenn die Handbremse noch nicht angezogen ist. Er kann ebenso wenig spüren, dass der Wagen, wenn er ihn losließe, den Berg hinunterrollen würde. Schließlich fühlt man über die Sinne immer nur Gegenwärtiges, nie aber in die Zukunft oder in eine gedachte Möglichkeit hinein. Begleiter B kann immer nur fühlen, wo der Wagen gerade ist, aber nicht, wohin dieser rollen könnte oder würde, wenn er ihn rollen ließe. Was Begleiter B spürt, das sind der Widerstand des Wagens, der seiner eigenen Anstrengung entgegen gerichtet ist, und seine eigene Identifikation mit dem Willen, zu verhindern, dass der Wagen den Berg hinunterrollt.

Ähnliches gilt für Ernst Kurths Beschreibung der Vorhaltswirkung: Kurth konnte nicht wahrnehmen, dass ein Ton *c* irgendeine Veränderung unternehmen will, könnte oder würde. Kurth konnte nur hören, welcher Ton im Moment klingt. Darüber hinaus konnte er sich jedoch mit einem Willen gegen eine mögliche Tonhöhenänderung identifizieren. Und allein als Identifikation mit Willensinhalten gegen Tonhöhenänderungen sind Vorhalts- oder Leittonerlebnisse erklärbar. Die Frage, ob Kurths Vorhaltsbeschreibung richtig oder falsch ist, betrifft also nicht die oft diskutierte Überlegung, inwieweit ein Ton gegenständlich erscheint oder nicht, sondern nur den Parameter Zeit. Unter diesem Aspekt hat Kurth die Vorhaltswirkung nicht richtig beschrieben.

1.2.3 Das Fühlen von Tendenzen ist nicht vorstellbar: Der schwere Koffer

Das folgende Beispiel zeigt, dass es nicht möglich ist, sich die sinnliche Wahrnehmung von Tendenzen zur Zustandsänderung gedanklich vorzustellen. Versuchen wir uns dazu einen schweren Koffer vorzustellen, dessen Schwerewirkung wir fühlen wollen. Was genau stellen wir uns dann vor? Wir stellen uns vor, wir würden irgendwo stehen und einen schweren Koffer tragen. Das heißt jedoch, dass wir ein gedankliches Ausweichmanöver durchgeführt haben. Denn wir wollten uns eigentlich die Tendenz eines Koffers vorstellen, wegen der Schwerkraft nach unten zu fallen, haben uns in Wirklichkeit aber mit dem Willen identifiziert, den Koffer festzuhalten. Dieses Ausweichmanöver vollziehen wir, weil es uns nicht gelingt, uns die Tendenz eines Koffers, nach unten zu fallen, als sinnlich wahrnehmbar vorzustellen.

1.2.4 Fazit: Strebende Töne sind weder wahrnehmbar noch vorstellbar

Diese Beispiele machen deutlich, dass die Vorhaltswirkung, wie sie Ernst Kurth beschreibt, nicht nur unmöglich, sondern auch gedanklich unvorstellbar ist. Versuchen wir dennoch, eine solche Vorstellung zu erzwingen, müssen wir auf das gleiche Ausweichmanöver wie im Kofferbeispiel zurückgreifen: Wir identifizieren uns mit dem Willen, den momentan klingenden Ton beizubehalten, als ob wir die Sichtweise einer anonymen Person eingenommen hätten, die die erwartete Tonhöhenveränderung nicht will. Erst diese Schlussfolgerung im Sinne der Strebetendenz-Theorie führt uns zu einer sinnvollen Definition der Leittonwirkung: Das, was wir als Ausweichmanöver beschrieben haben, **ist** die Leittonwirkung. Die Leittonwirkung ist die Vorstellung, wir identifizierten uns mit einem Willen gegen eine mögliche Tonhöhenveränderung.

Nun kommt jedoch hinzu, dass wir einen Ton nicht - wie einen Koffer - als konkreten Gegenstand wahrnehmen. Wir müssen unsere Erklärung in diesem Sinn verfeinern: Bei einem Leitton identifizieren wir uns mit einem Willen, ein nicht konkret definierbares Objekt „Ton“ beizubehalten.

Mit dieser Definition der Leittonwirkung, die durch die Strebetendenz-Theorie (B. Willimek 1998, 1ff) erstmals formuliert wurde, kann man erklären, wie musikalische Harmonien bestimmte Emotionen erlebbar machen. So identifizieren wir uns im Sinne dieser Definition bei einer Durtonika aufgrund ihres Leittons mit einem Willen, der einem Gefühl des Einverstanden-Seins entspricht. Herzfeld (1965, 149 u. 351) beschreibt den Durklang als *„bejahend“*. Bei einer Molltonika identifizieren wir uns wegen ihres herabgesetzten, *„getrübten*" Leittons (H. J. Moser, Musik Lexikon 1955, 793) dagegen mit dem getrübten Willensinhalt "ich will nicht mehr". Sie kann daher je nach Lautstärke *„traurig*" oder *„wütend*" wirken. Werden verschiedene Harmonien miteinander verknüpft, wird die Beschreibung der Emotionalität durch die Strebetendenz-Theorie jedoch komplizierter, da diese Harmonien dann ineinanderwirken und sich gegenseitig beeinflussen können. Darauf kommen wir später zurück.

1.3 Obertöne regen Willensvorstellungen an

Zu den herkömmlichen Beschreibungen musikalischer Strebe- und Leittonwirkungen gab es immer wieder Versuche, die Ursache solcher Erscheinungen zu ergründen. Bis heute führte jedoch keine Antwort zur endgültigen Klärung dieser Frage. Da Töne, die Sinustönen nahekommen – etwa vom gedackten Orgelregister – als *„unbestimmt, langweilig, schwächlich, charakterlos und energielos"* empfunden werden, wie schon Hermann von Helmholtz (2013, 337) feststellte, liegt es nahe, dass Leittöne ihren Ursprung in den Obertönen haben, und zwar als Wechselspiel von bewussten und unbewussten Wahrnehmungen. Obertöne werden teilweise unbewusst wahrgenommen, wie Angelika Abel (1982, 10) ausführt: *„Auch wenn die Obertöne eines Tones nicht immer zur bewußten [!] Wahrnehmung kommen, werden sie darum doch empfunden."*

Naheliegend wäre eine Erklärung der Leittonwirkung durch die Wirkung der dissonanten Sekundintervalle, die von den unteren Obertönen gebildet werden. Diese Sekundintervalle lösen sich – etwa beim Intervall einer großen None - bei entsprechender Harmoniefortführung im Gleichklang auf. Kleine Sekunden werden für Menschen offenbar als unangenehm wahrgenommen. Ekkehard Lack (1999, 150) formuliert es so: *„Kleine Sekunden sind aufgrund der auftretenden Interferenzen unangenehm zu hören [...]"*. Der Filmkomponist Reinhard Kungel (2008, 76) sagt, eine kleine Sekunde als Simultanintervall sei *„kaum auszuhalten"*. Das daraus resultierende Bedürfnis, kleine Sekunden in Primen zu verwandeln, könnte man durch die Evolution erklären. Und zwar aus dem Vorteil, der sich ergibt, wenn man auf den Ruf eines anderen auf gleicher Tonhöhe bzw. oktaviert antworten kann. Dies setzt die Fähigkeit voraus, feinste Korrekturen bei zunächst minimaler Fehlintonation durchzuführen. Diese hochkomplizierte Leistung erscheint uns jedoch derart, als ob sie allein durch eine minimalen Willensanstrengung möglich wäre, die etwas „Unangenehmes" beseitigt.

Aus dieser Überlegung heraus könnte man die Leittonwirkung folgendermaßen erklären: Der Musikhörer nimmt bei einem Leitton teils unbewusst Sekundreibungen im Obertonbereich wahr, die für ihn – wenn sie ihm bewusst wären - aufgrund ihrer Dissonanzen als korrekturbedürftige Störung empfunden würden. Je weniger er die Dissonanzen aber bewusst wahrnimmt, desto weniger bewusst erlebt er sie auch als korrekturbedürftig. Aufgrund des Wechselspiels von bewusster und unbewusster Wahrnehmung des Obertonbereichs erscheint der Leitton – vergleichbar mit den Prinzipien von Simultan- und Sukzessivkontrast in der Farbwahrnehmung (vgl. Hammer 2008, 158 und 176) – im Bewusstsein teilweise in Kontrast zur korrekturbedürftigen Störung so, als ob sich der Hörer mit einem Willen identifizierte, den betreffenden Leitton unverändert beizubehalten.

Für diese Erklärung könnte sprechen, dass eine klingende kleine Sekunde, die für den Hörer als bewusst korrekturbedürftige Dissonanz in Erscheinung tritt, in der Harmonielehre nicht als Vorhaltsintervall zur Prim behandelt wird (vgl. Dachs und Söhner 1974, 1). Bei der klingenden kleinen Sekunde, die wir bewusst als korrekturbedürftige Störung empfinden, bleibt der Leittoneffekt zur Prim hin dementsprechend aus, im Gegensatz zur kleinen None, die durchaus

Verwendung als Vorhaltsintervall zur Oktave findet und bei der sich die „korrekturbedürftigen" kleinen Sekunden erst im Obertonbereich ergeben.

Der Arzt und Kirchenmusiker Marc Neufeld (2011, 196), der in seinem Buch *Die Bedeutung von Liedern in der Lebensgeschichte* der Strebetendenz-Theorie ein Kapitel widmet, kommentiert diese Herleitung durch die Strebetendenz-Theorie so: *„Auch die Erklärung der Entstehung einer Strebung aus Obertonreibungen, scheint plausibel zu sein."*

1.4 Philosophen erkannten Willensvorgänge in der Musik

Dass durch Musik Willensvorgänge dargestellt werden, erkannten bereits Philosophen wie Arthur Schopenhauer und Friedrich Nietzsche. Dies wird in diesem Kapitel anhand von zwei Zitaten kurz dargestellt. Arthur Schopenhauer (1859, 304) sieht die Funktion der Musik als Darstellerin von Willensvorgängen und Gefühlen, die jedoch in abstrakter Form in Erscheinung treten:

> *„Die Musik ist also keineswegs, gleich den anderen Künsten, das Abbild der Ideen; sondern ‚Abbild des Willens selbst', dessen Objektität auch die Ideen sind: deshalb eben ist die Wirkung der Musik so sehr viel mächtiger und eindringlicher, als die der anderen Künste: denn diese reden nur vom Schatten, sie aber vom Wesen."*

Friedrich Nietzsche schreibt (1997, 1086):

> *„Meine Antwort, in einem aesthetischen [!] Grundsatz zusammengefaßt [!] ist diese: ‚der Wille ist Gegenstand der Musik, aber nicht Ursprung derselben': nämlich der Wille in seiner allergrößten Allgemeinheit, als die ursprünglichste Erscheinungsform, unter der alles Werden zu verstehn [!] ist. Das, was wir Gefühle nennen, ist hinsichtlich dieses Willens, bereits schon mit bewußten [!] Vorstellungen durchdrungen und gesättigt und deshalb nicht mehr direkt Gegenstand der Musik: geschweige denn daß [!] es diese aus sich erzeugen könnte. Man nehme beispielsweise die Gefühle von Liebe, Furcht und Hoffnung: die Musik kann mit ihnen auf direktem Wege [kann] [gar] nichts mehr anfangen, so erfüllt ist ein jedes dieser Gefühle schon mit Vorstellungen. Dagegen können diese Gefühle dazu dienen, die Musik zu symbolisiren [!]: wie dies der Lyriker thut [!], der jenes begrifflich unnahbare Bereich des Willens, den eigentlichen Gegenstand der Musik, sich in diese Gleichnißwelt [!] der Gefühle übersetzt."*

2 Emotionale Charaktere von Harmonien

Die Strebetendenz-Theorie sagt, dass sich nur Emotionen musikalisch ausdrücken lassen, die auf abstrakte Willensinhalte zurückführbar sind. Diese Aussage belegen wir im Folgenden anhand der Studie *Jede Sehnsucht hat eine Melodie/Basisemotionen in der Musik und im Alltag* von Gunter Kreutz (2002, 66 ff). Was die Klassifizierung, Abgrenzung und Übereinstimmung der begrifflichen Darstellung einzelner Emotionen betrifft, orientieren wir uns im weiteren Verlauf dieses Buches an der von Philipp Mayring (1992, 131) vorgenommenen *Klassifikation und Beschreibung einzelner Emotionen.*

Kreutz untersuchte unter anderem, inwiefern Musik Emotionen darstellen, evozieren und beeinflussen kann. Die Auswahl der in seiner Studie berücksichtigten 32 Emotionen bezeichnet Kreutz (2002, 70) als *„pragmatischen Kompromiß [!] zwischen verschiedenen, heuristischen Kategorisierungsversuchen der Emotionspsychologie zuzüglich jener Items, die in einschlägigen musikpsychologischen Studien Anwendung fanden“.* In seiner Studie stellte Kreutz (2002, 72) seinen Probanden Fragen, die er folgendermaßen beschreibt:

> *„Die drei Fragen lauteten: ‚Kann Musik allein die folgenden Gefühle darstellen?‘, ‚Kann Musik allein die folgenden Gefühle in Dir auslösen?‘ und ‚Kann Musik allein die folgenden Gefühle in Dir beeinflussen?‘. Die fünfstufige Skalierung bedeutete bei der ersten Frage ‚gar nicht – eher weniger gut – mittelmäßig gut – eher besser – sehr gut‘ und bei den beiden weiteren Fragen ‚gar nicht – eher weniger – mittelmäßig – eher mehr – sehr‘.“*

Kreutz stellte eine Reihenfolge von Emotionen auf, bei der Mittelwertprofile der subjektiven Ratings nach absteigender Größe der Gefühlsausdruckwerte geordnet wurden. *„Freude“* wurde demnach am ehesten als musikalisch darstellbar befunden, *„Scham“* am wenigsten. Die Reihenfolge der Emotionen mit hinzugefügten Ordnungszahlen ist folgende:

1. Freude, 2. Trauer, 3. Sehnsucht, 4. Schmerz, 5. Unruhe, 6. Wut, 7. Liebe, 8. Einsamkeit, 9. Entspannung, 10. Furcht, 11. Verzweiflung, 12. Hoffnung, 13. Erleichterung, 14. Überraschung, 15. Zufriedenheit, 16. Anspannung, 17. Betroffenheit, 18. Leere, 19. Stolz, 20. Stress, 21. Begierde, 22. Unwohlsein, 23. Hartnäckigkeit, 24. Langeweile, 25. Müdigkeit, 26. Demut, 27. Eifersucht, 28. Mitleid, 29. Interesse, 30. Verachtung, 31. Ekel, 32. Scham (vgl. Kreutz 2002, 73).

In den folgenden Kapiteln, in denen es um die praktische Anwendung der Strebetendenz-Theorie geht, zeigen wir anhand von Musikbeispielen, dass die durch abstrakte Willensinhalte erklärbaren Emotionen auch diejenigen sind, die in der Studie von Kreutz, wenn sie dort berücksichtigt wurden, von den Probanden eher als musikalisch ausdrückbar eingestuft wurden.

Die von uns durch abstrakte Willensinhalte erklärten und in der Studie von Kreutz berücksichtigten Emotionen entsprechen den ersten 17 Emotionen, die in der Befragung von Kreutz etwa zwischen „sehr gut“ bis „mittelmäßig gut“ durch Musik darstellbar befunden wurden. Dagegen lassen sich die Emotionen, die sich bei Kreutz an 18. bis 32. Stelle befinden und bei der Befragung zwischen „mittelmäßig gut“ und „eher weniger gut“ bis „gar nicht“ durch Musik darstellbar befunden wurden, unserer Ansicht nach nicht auf abstrakte Willensinhalte zurückführen. Ebenso zeigen wir, dass die emotionale Wirkung musikalischer Harmonien nach bestimmten Mustern verläuft, die dem Prinzip der Strebetendenz-Theorie entsprechen. Eine zusammenfassende Darstellung der von uns behandelten Harmonien und Emotionen im Vergleich mit den Rängen der Emotionen gemäß der Grafik von Kreutz findet sich im Kapitel *Emotionale Charaktere von Harmonien im Überblick* ab Seite 109.

Auf den folgenden Seiten besprechen wir einzelne musikalische Harmonien und zeigen, wie sich ihre emotionalen Charaktere durch die Strebetendenz-Theorie herleiten lassen. Dabei sind die Notenbeispiele entweder für Klavier oder für Klavier mit Gesangsstimme notiert, wenn nichts anderes angegeben ist. Sämtliche in diesem Buch abgebildeten Musikbeispiele wurden von Bernd Willimek mit der Musiksoftware „Capella" gesetzt. Bernd Willimek ist überdies Autor all derjenigen Musikbeispiele, die mit „BW" gekennzeichnet sind.

2.1 Die Durtonika: Der aufrechtstehende Mensch

Unter dem Begriff Tonika versteht man in der Harmonielehre den Dreiklang, der auf dem Grundton der Tonart errichtet wird, in der ein Musikstück steht. Steht ein Stück in C-Dur, dann ist der Dreiklang *c-e-g* die Tonika. Der emotionale Charakter eines Durakkords wird meist in seiner Gegensätzlichkeit zu Moll beschrieben. So gilt Dur allgemein als fröhlich, Moll als traurig. Eine vorsichtige Bestätigung dieser Unterscheidung findet sich im Moser Musiklexikon (H. J. Moser, Musik Lexikon 1955, 794). Hier wird der unterschiedliche Affektgehalt von Dur und Moll folgendermaßen beschrieben: *„Die Unterscheidung, Dur klinge fröhlich, Moll traurig, hat trotz ihrer Urtümlichkeit zweifellos viel für sich."* Deryck Cooke (1959, 50f) sagt dazu:

> *"It is a commonplace (though a much-disputed one) that the positive emotions (joy, confidence, love, serenity, triumph, etc.) are expressed by major music, and the negative emotions (sorrow, fear, hate, disquiet, despair, etc.) by minor music."*

Der Schweizer Musiktheoretiker Gustav Güldenstein (1973, 39) beschreibt die Wirkung der Dur-Tonika (Abbildung 1) folgendermaßen:

> *„Man könnte als Symbol für die Tonika wählen den aufrecht stehenden [!] Menschen. Er ruht in sich, insofern er nicht nach außen wirkt. Er ist aber doch in Spannung, insofern er ständig die Schwere zu überwinden hat."*

Diese Symbolik impliziert unserer Ansicht nach einen Willensinhalt eines mit dem Gegenwärtigen einverstandenen Menschen.

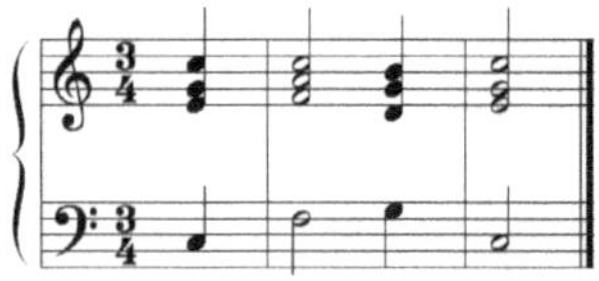

Abbildung 1: Die Beschreibung der Durtonika (erster und letzter Takt im Musikbeispiel), wie sie Gustav Güldenstein formuliert, entspricht dem Gefühl eines nüchternen ‚Einverstanden-Seins' (BW).

Auch das Ullstein Musiklexikon (Herzfeld 1965, 149 u. 351) gesteht dem Durklang indirekt die Vermittlung eines Willensinhalts zu. Es bezeichnet ihn als *„bejahend"*. Wer etwas bejaht, ist normalerweise einverstanden und will keine Veränderung.

Musiktheoretisch übereinstimmend beschrieben wird die Terz der Durtonika als ein mit geringer Intensität nach oben strebender Leitton. So formuliert es beispielsweise das *Große Lexikon der Musik* (Honegger und Massenkeil 1981, 92): *„...entsprechend ihrer symmetrischen Anlage – dem Aufbau aus zwei gleichartigen [...] Tetrachorden - ist in einer Dur-Skala auch die 3. Stufe leittönig,...".* Analysiert man diese Leittonwirkung jedoch im Sinne der Strebetendenz-Theorie als Identifikation mit einem Willen gegen die Veränderung der Terz und berücksichtigt den von Ernst Kurth beschriebenen Akt der inneren Übersetzung des physisch erfahrenen Tons in eine andere Wesensqualität, so erhält man folgendes Ergebnis:

Bei einer Durtonika identifizieren wir uns im Sinn der Strebetendenz-Theorie mit einem Willen, der sich mit geringer Intensität gegen die Veränderung von etwas undefiniert Dinghaftem richtet. Interpretieren können wir diesen Willensinhalt als Identifikation mit einem Gefühl des nüchternen Einverstandenseins mit dem Gegenwärtigen. Diese Interpretation entspricht Güldensteins Beschreibung der Durtonika.

Bisweilen wird argumentiert, dass es auch Musikstücke in Dur gibt, die traurig klingen. Dabei verweist man gerne auf Parameter wie etwa Tempo oder Rhythmus, durch die der fröhliche Grundcharakter des Dur verändert werden könne (vgl. Della Bella 2001). Aus Sicht der Strebetendenz-Theorie kommen hier jedoch noch andere Gründe mit ins Spiel, die vor allem die Frage betreffen, wie intensiv und auf welche Weise sich ein Musikhörer mit den in der Musik encodierten Willensinhalten identifiziert. Dies wird im Folgenden veranschaulicht.

Bei Franz Schubert gibt es traurige Passagen in Dur, beispielsweise im ersten Teil des Liedes *Frühlingstraum* aus dem Zyklus *Winterreise* D 911. Hier mag man sich den Wanderer vorstellen, der im Traum durchaus Glücksgefühle erlebt. Auch der Hörer darf sich mit den Glücksgefühlen des schlafenden Wanderers identifizieren. Hinzu kommt jedoch, dass der Musikhörer weiß, dass der Wanderer tatsächlich übel dran ist. Der Glückstraum ist lediglich kurze Illusion im Unglück. Daher nimmt der Hörer, der nicht träumt und dem der ganze Zusammenhang der Geschichte bewusst ist, die Glücksgefühle des Wanderers als besonders schmerzhaft wahr. Die Ursache dafür liegt darin, dass sich der Hörer bei den Durklängen aus einer gewissen Distanz heraus mit dem Gefühl des Einverstandenseins identifiziert, so dass er die Durakkorde umso trauriger empfindet, weil er die wahre Situation des Wanderers kennt. Wie wir später sehen werden, sind vergleichbare Umkehrungen der Wirkungsweise bei Mollakkorden ebenso möglich (siehe S. 26).

Auch das traurige Volkslied *In einem kühlen Grunde* (Abbildung 2) steht in Dur. Die schmerzvolle Wirkung des Liedes rührt aus dem Kontrast einer traurigen Situation und dem Versuch her, diese durch optimistische Vorstellungen zu verdrängen. Hier geht es um einen Mann, dessen „Liebchen" „die Treu gebrochen" hat. Der enttäuschte Mann gibt sich jedoch nicht dem schmerzhaften Empfinden hin, sondern versucht, dem Schmerz durch lustvolle Vorstellungen zu entrinnen. Erst liebäugelt er mit dem Gedanken, als Spielmann in die Welt hinaus zu reisen, dann möchte er als Reiter in die Schlacht *„fliegen"*, dann am liebsten sterben, wobei auch die Vorstellung vom Tod lustvoll erlebt wird (*„dann wär's auf einmal still"*). Die Durakkorde stehen hier also für den Versuch, schmerzvolle Erfahrungen durch heitere Gedanken zu verdrängen. Und mit diesem Versuch identifiziert sich der Hörer. Wie im Lied „Frühlingstraum" erfolgt auch hier die Identifikation aus einer gewissen Distanz heraus, die den ganzen Zusammenhang umso schmerzlicher erscheinen lässt.

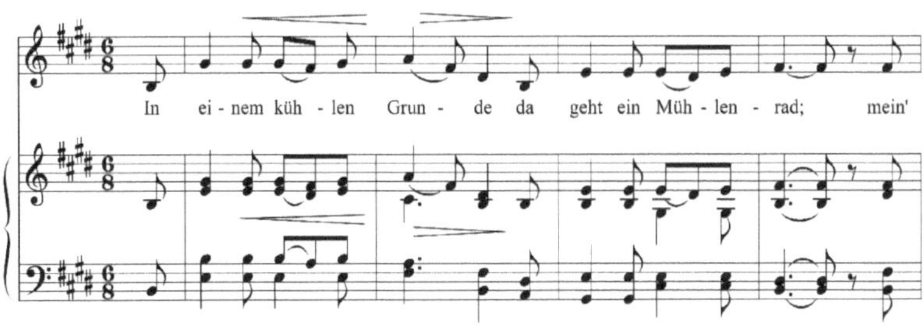

Abbildung 2: Das Lied ‚In einem kühlen Grunde' steht überwiegend in Dur, wirkt aber trotzdem traurig (vgl. Glück und Eichendorff 1992, 73).

2.2 Die Durtonika mit großer Septime: Wehmut

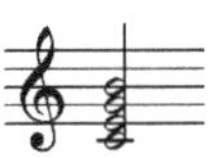

Abbildung 3: *Die Durtonika mit großer Septime passt zur Vorstellung von Wehmut* (BW).

Eine Durtonika mit großer Septime erhält man, wenn man einem Durdreiklang die große Septime über dem Grundton hinzufügt. Die ist in Abbildung 3 der Ton h^1. Durch Hinzufügen der großen Septime verändert sich der Klangcharakter der Durtonika.

Im Sinne der Strebetendenz-Theorie passt er dann zum Gefühl von Wehmut. Um diese Beschreibung als Willensinhalt nachvollziehen zu können, müssen wir den Klang als Überlagerung zweier verschiedener Eindrücke auffassen. Der erste resultiert aus der Durtonika, der zweite aus der hinzugefügten großen Septime. Die Durtonika erzeugt das Gefühl eines nüchternen Einverstandenseins mit dem Gegenwärtigen, das Güldenstein (1973, 39) mit dem *„aufrecht stehenden [!] Menschen"* vergleicht. Der zweite Eindruck, die Wehmut, entsteht im Zusammenhang mit dem Leitton, der dissonanten großen Septime, aufgrund derer wir uns im Sinne der Strebetendenz-Theorie mit einem Willen identifizieren, der sich gegen eine mögliche Veränderung richtet.

Auf den wehmütigen und sehnsüchtigen Charakter der großen Septime wurde bereits mehrfach hingewiesen, so etwa von Deryck Cooke (1959, 90) mit den Worten *„Violent longing"*. Imre Lahdelma[1] bescheibt Dreiklänge mit Septime folgendermaßen: *„According to the obtained data single chords are able to convey affects beyond basic musical affects like happiness and sadness: chords such as the minor and the major seventh communicate the affect of nostalgia/longing effectively."* In einer Studie von Imre Lahdelma und Tuomas Eerola[2] heißt es: *„There are quite clear-cut examples to be found in musicological literature to illustrate the use of major seventh chords with specific regard to the expression of nostalgia and longing."*

Lahdelma und Eerola begründen die emotionale Wirkung von Nostalgie, Wehmut und Sehnsucht, die dieser Akkord den Probanden vermittelte, mit dem Zusammentreffen zweier unterschiedlicher Ausdrucksinhalte, einem angenehmen und einem unangenehmen, die sich sowohl im Begriff „Wehmut" als auch im Klanggehalt des Durakkords mit großer Septime wiederfänden. Insofern bestätigen Lahdelma und Eerola unsere Erklärung des wehmütigen Charakters der Dursubdominante mit großer Septime, die bereits 1998 im Artikel *Die Strebetendenz-Theorie* (B. Willimek 1998, 7) als Zusammentreffen zweier unterschiedlicher Ausdrucksinhalte (vgl. Wirtz 2014) beschrieben wurde. Allerdings differenzieren Eerola und Lahdelma nicht hinsichtlich der jeweiligen harmonischen Funktion einzelner Akkorde und der Wirkung von Akkorden im harmonischen Kontext.

Gut nachvollziehbar ist unserer Ansicht nach der durch die Herleitung der Strebetendenz-Theorie mit *„Wehmut"* beschriebene Charakter der Durtonika mit großer Septime im Song *The Girl from Ipanema* (Abbildung 4) von Antônio Carlos Jobim. Hier bewundert ein Mann ein Mädchen, das er täglich beobachtet, wenn es zum Strand geht. Doch das Mädchen schenkt ihm keine Beachtung.

---

[1] Vgl. Lahdelma I. (2014). The Affective qualia of single chords – distinct yet complex combinations, online unter URL:
https://www.academia.edu/9525078/The_Affective_qualia_of_single_chords_distinct_yet_complex_combinations [02.01.2019].

[2] Lahdelma, I., & Eerola, T. (2015). Theoretical Proposals on How Vertical Harmony May Convey Nostalgia and Longing in Music. Empirical Musicology Review, 10 (3), 245-263, online unter URL: http://emusicology.org/article/view/4534/4151 [19.04.2019].

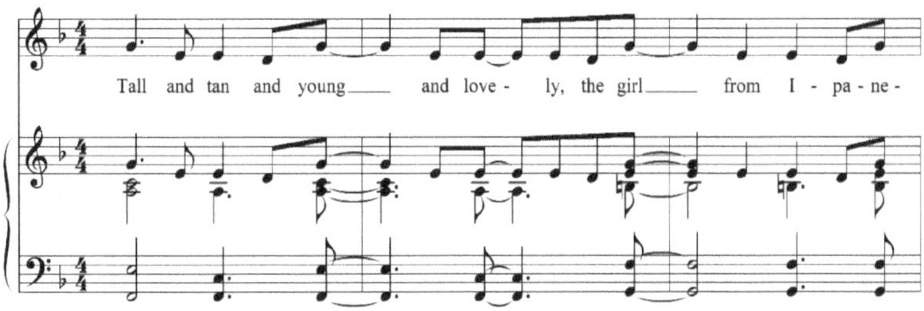

Abbildung 4: In den ersten zwei Takten des Musikbeispiels ,The Girl from Ipanema'[1] wird der wehmütige Charakter der Durtonika mit großer Septime nachvollziehbar.

Ein weiteres Beispiel für die wehmütige Wirkung der Durtonika mit großer Septime ist der Song *If you leave me now* (Abbildung 5) der Band Chicago, den Peter Cetera komponiert hat. Der Text handelt von einem Mann, der seine Liebe nicht verlieren will.

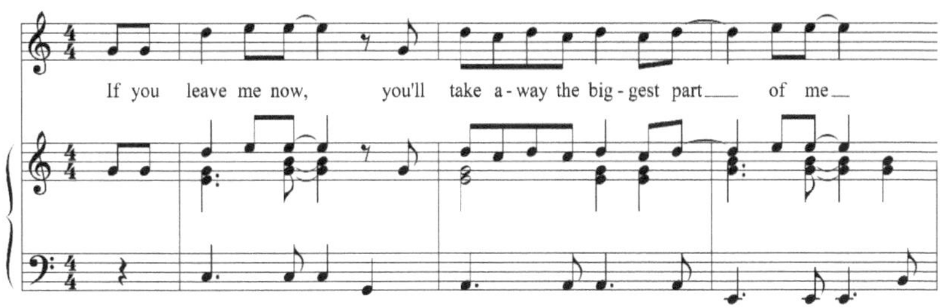

Abbildung 5: Der Septakkord mit großer Septime in der Klavierstimme des ersten Taktes von ,If You Leave Me Now' auf dem Wort „now" ist im Sinne der Strebetendenz-Theorie Ausdruck von Wehmut.[2]

2.3 Warum klingt Moll traurig?

Einen Mollklang erhält man, indem man die Terz eines Dur-Dreiklangs um einen Halbton erniedrigt. In C-Dur wäre die Terz der Ton *e*. Erniedrigt man ihn, erhält man den Ton *es*. Der Mollklang besteht dann aus den Tönen *c*, *es* und *g*. Obwohl sich gleichnamige Dur- und Mollakkorde nur um einen Halbton unterscheiden, werden dennoch beide Tongeschlechter in der Regel sehr unterschiedlich, meistens sogar gegensätzlich, empfunden.[3]

[1] Vgl. Jobim, A. C., & Moraes, V. D. (1963). The Girl from Ipanema, online unter URL: https://www.musicnotes.com/sheetmusic/mtd.asp?ppn=MN0072627 [25.03.2019].

[2] Vgl. Cetera, P. (1976). If You Leave Me Now, online unter URL: https://www.musicnotes.com/sheetmusic/mtd.asp?ppn=MN0040972 [19.04.2019].

[3] Vgl. Curtis M. E., Bharucha, J. J. (2010). The minor third communicates sadness in speech, mirroring its use in music, online unter URL: https://www.ncbi.nlm.nih.gov/pubmed/20515223 [03.03.2019].

Im Moser Musiklexikon (1955, 793) wird das Wesen des Mollakkords als *„Molltrübung von Dur"* beschrieben. Gemäß dieser Auffassung der sogenannten Monisten wird die Mollterz nicht als eigenständiges Intervall, sondern als getrübte, der Leittonspannung beraubte Durterz empfunden. Das Ullstein-Musiklexikon (Herzfeld 1965, 351) sagt hierzu:

> *„Der harmon. Monismus begnügt sich mit der empir. Erklärung, M.* [Moll, d. Verf.] *sei ein in seiner Spannung nach unten gedrücktes Dur, es färbe den hellen Schein des Dur ins Trübe um, Dur und Moll bildeten im Grunde eine Einheit."*

Der Komponist Paul Hindemith (1940, 101) beschreibt den Molldreiklang ähnlich:

> *„Was ist aber der Molldreiklang wirklich? Ich halte ihn, einer auch nicht mehr ganz neuen Theorie folgend, für eine Trübung des Durdreiklangs. Da es nicht einmal möglich ist, kleine und große Terz einwandfrei gegeneinander abzugrenzen, glaube ich nicht an einen polaren Gegensatz der beiden Akkorde. Sie sind die hohe und tiefe, starke und schwache, helle und dunkle, eindringliche und matte Fassung eines und desselben Klanges."*

Auch die Wirkung des Moll lässt sich durch Anwendung der Strebetendenz-Theorie auf sinnvolle Weise erklären. Da die oben zitierte Beschreibung von Paul Hindemith schlüssig erscheint, richten wir uns auch bei der Anwendung der Strebetendenz-Theorie danach, was nicht heißen soll, dass Moll nicht auch auf andere Weise wahrgenommen werden könnte.

Ersetzt man bei einem Mollakkord die traditionelle Vorstellung von Strebewirkungen durch die Vorstellung der Identifikation mit einem Willen gegen eine Veränderung, ergibt sich für den Mollklang ein eindeutiges Ergebnis: Der Wille gegen eine Veränderung, mit dem wir uns bei der Durtonika identifiziert hätten, erscheint nun getrübt, heruntergedrückt. Das Gefühl des Einverstandenseins ist ermattet zu einem Gefühl des Nicht-Mehr-Einverstandenseins. Dieser Effekt einer Trübung des Durklangs, wenn der gleichnamige Mollakkord an seine Stelle tritt, lässt sich im Lied *Die liebe Farbe* (Abbildung 6) aus Franz Schuberts Zyklus *Die schöne Müllerin* D 795 nachvollziehen. Dieselbe Aussage *„Mein Schatz hat's Grün so gern"* steht hier einmal in H-Dur und anschließend in h-Moll. Durch den Wechsel nach Moll erscheint hier nicht nur die Musik, sondern auch der Text eingetrübt. Die wiederholte Textpassage *„mein Schatz hat's Grün so gern"* auf der Mollvariante interpretieren wir derart, als impliziere sie die Aussage „was für mich den Tod bedeutet".

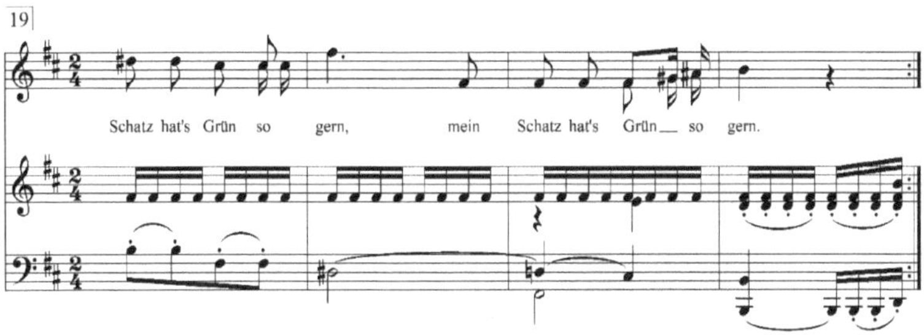

Abbildung 6: Die wiederholte Aussage ‚mein Schatz hat's Grün so gern' auf der Mollvariante verweist auf das unglückliche Ende des Zyklus (vgl. Schubert und Müller 1985, 41).

Noch gravierender erscheint uns der Wechsel von Dur nach Moll im Lied *Tränenregen* (Abbildung 7) aus demselben Zyklus. Hier sitzt der Müller zunächst traulich mit der Müllerin zusammen. Mit dem Wechsel von Dur nach Moll kippt die Stimmung unvermittelt um: *„Da gingen die Augen mir über, da ward es im Spiegel so kraus."* Und die Müllerin sagt: *„Es kommt ein Regen, ade ich geh' nach Haus."* Diese Worte sind wie eine Ohrfeige für den Hörer, der sich die Fortführung der Geschichte anders vorgestellt hat. Denn so verabschiedet sich niemand, der sich gerade verliebt hat. Von diesem Moment an weiß der Hörer, dass diese Liebe einseitig ist, auch wenn der Müller im folgenden Lied *Mein* seine vermeintliche Eroberung feiert. Dieser Bruch im Lied *Tränenregen,* dem Arnold Feil (1975, 79) *„eine Art Schlüsselposition"* im Zyklus zuweist, wird von Franz Schubert mit dem Wechsel von Dur nach Moll kommentiert.

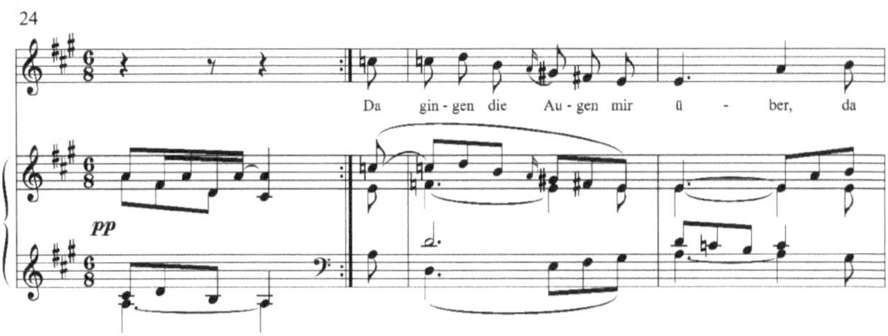

Abbildung 7: Ab Takt 25 vollzieht sich für den Müller eine Wende ins Unglück. Franz Schubert kommentiert dies mit dem Wechsel von Dur nach Moll (vgl. Schubert und Müller 1985, 27).

2.3.1 Moll kann auch wütend wirken

Das Erlebnis beim Hören eines Mollakkords entspricht im Sinne der Strebetendenz-Theorie der Information, die man erhält, wenn jemand sagt „ich will nicht mehr". Würde ein Mensch diese Worte langsam und leise sagen, würde man ihn als traurig einschätzen, würde er sie schnell und laut herausschreien, würde man ihn als wütend bezeichnen. Die analoge Unterscheidung ergibt sich bei Anwendung der Strebetendenz-Theorie auf Mollharmonien. Wird eine Mollharmonie zunehmend lauter und schneller wiederholt, so verwandelt sich ihr trauriger Ausdrucksgehalt in Zorn. Der Klang scheint dann in seinem Ausdruck energetisch „geladen“. Ein Beispiel für lautes, wütendes Moll ist das Stück *Knecht Ruprecht* (Abbildung 8) aus dem *Album für die Jugend* von Robert Schumann. Die Rahmenteile in Moll suggerieren förmlich die Vorstellung eines wegen der ungehorsamen Kinder zornigen Knecht Ruprecht.

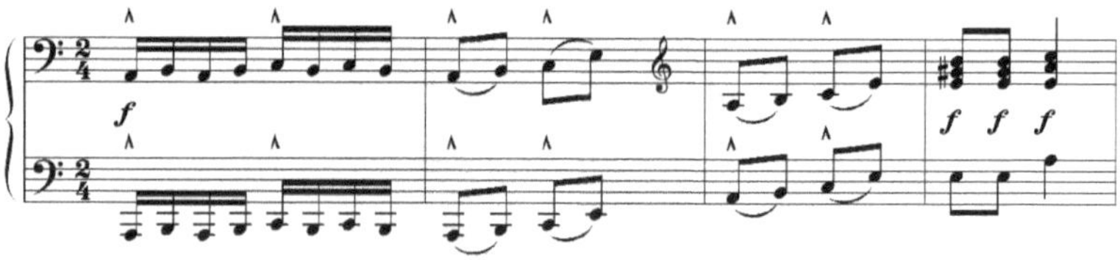

Abbildung 8: Diese Passage aus ‚Knecht Ruprecht' klingt nicht traurig, sondern zornig (vgl. Schumann 1977, 12).

Beim Stück *Wilder Reiter* aus demselben Band (Abbildung 9) kann man sich lebhaft einen Mann vorstellen, der wild und wutentbrannt durch die Landschaft reitet.

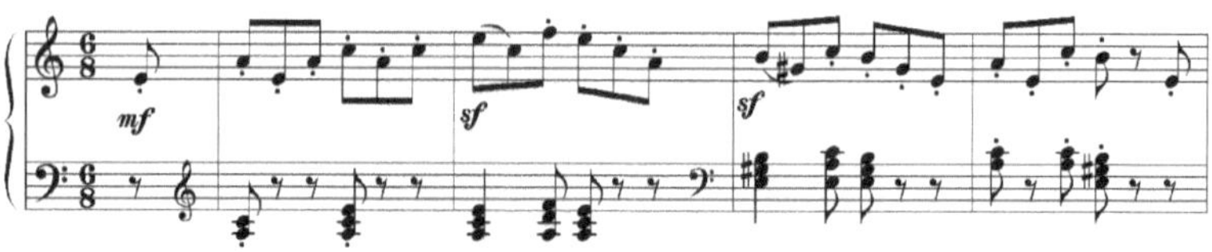

Abbildung 9: Das Moll im Stück ‚Wilder Reiter' klingt nicht traurig, sondern wütend (vgl. Schumann 1977, 8).

Das Stück *Erster Verlust* (Abbildung 10) aus dem *Album für die Jugend* von Robert Schumann zeigt, wie man unterschiedliche Wirkungen von Mollharmonien nutzen kann, um sogar eine kleine Geschichte musikalisch zu erzählen. Das Stück ist leise und steht in Moll. Erst gegen Ende (Takt 29) bricht die Musik auf einmal im Forte hervor, verstärkt mit Akzenten und Staccatissimozeichen. Die Geschichte könnte – passend zum Titel – von einem Kind erzählen, das nach einer Phase von Trauer über etwas Verlorenes einen kurzen Zornausbruch hat, bevor es wieder in die traurige Stimmung zurücksinkt.

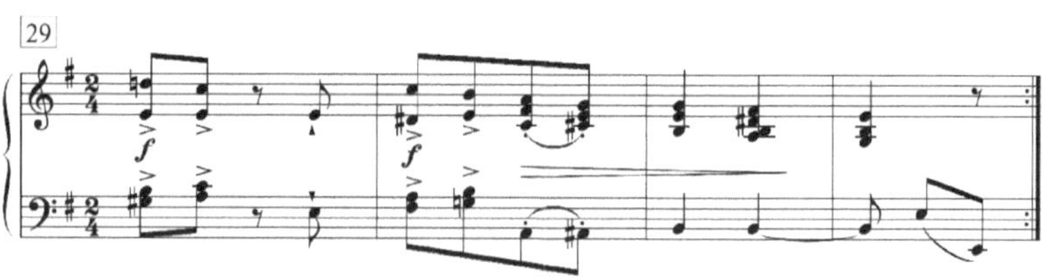

Abbildung 10: Der traurige Ausdruck der Mollakkorde im Stück ‚Erster Verlust' steigert sich gegen Ende zu einem kurzen Zornausbruch (vgl. Schumann 1977, 19).

Ein weiteres Beispiel für die Verwendung von Moll als Ausdruck von Zorn findet sich im Lied *Der Jäger* (Abbildung 11) aus dem Zyklus *Die schöne Müllerin* von Franz Schubert. Der gebrochene Mollakkord, der die Identifikation des Musikhörers mit einem Gefühl des Nicht-Einverstandenseins zur Folge hat, erscheint hier im Staccato, Mezzoforte und in schnellem Tempo, weswegen das Klaviervorspiel im Sinne der Strebetendenz-Theorie nicht traurig, sondern wütend wirkt. Auch in der durchgängig im *piano* notierten Singstimme beobachtet man diese Wirkung, die durch die syllabische Vertonung noch verstärkt wird. Im Text heißt es „Was sucht denn der Jäger am Mühlenbach hier? Bleib', trotziger Jäger, in deinem Revier!" Trotz seiner leisen Dynamik wirkt dieses Lied aber nicht traurig, vielmehr vermittelt es den Charakter einer verhaltenen, aufgestauten Wut, die das Gefühlsleben des Müllers, dessen Zorn auf den Jäger, seinen Konkurrenten, zu spiegeln scheint. So nimmt es offenbar auch der Musikwissenschaftler Thrasybulos G. Georgiades (1967, 270) wahr, wenn er über dieses Lied sagt: *„Was für ein Anstauen von Zorn!"*.

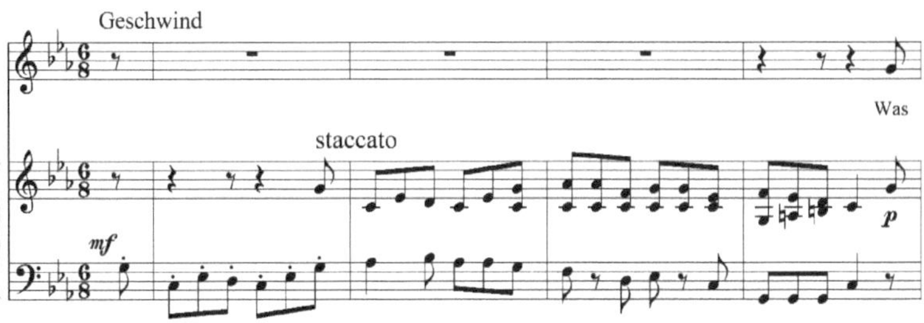

Abbildung 11: ‚Der Jäger' aus dem Zyklus ‚Die schöne Müllerin' zeigt ein Beispiel von gebrochenen Mollakkorden, die nicht traurig, sondern wütend wirken (vgl. Schubert und Müller 1985, 36).

Im Basistest, Teil B (siehe S. 116), erklang das folgende Musikbeispiel (Abbildung 12), bei dem ein mehrmals wiederholter, zunächst leiser Mollklang immer lauter und schneller wird. Dazu lautete die Frage: Welche Art von Verwandlung drückt folgendes Klangbeispiel aus? Als Antwort wurden die folgenden drei Möglichkeiten angeboten:

1. Trauer verwandelt sich in Wut
2. Trauer verwandelt sich in Freude
3. Wut verwandelt sich in Trauer

Alle Probanden entschieden sich für „Trauer verwandelt sich in Wut". Die Strebetendenz-Theorie erklärt das Moll als Ausdruck eines Nicht-Mehr-Wollens. Je nach Lautstärke und Tempo lässt sich dieser Ausdruck als traurig oder wütend erfahren.

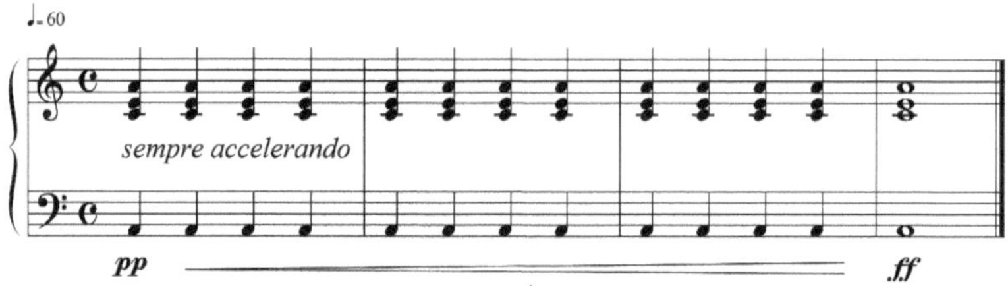

Abbildung 12: Bei einem immer lauter und schneller wiederholten Mollklang entschieden sich alle Probanden für die Beschreibung ‚Trauer verwandelt sich in Wut' (BW).

2.3.2 Wenn Moll lustig klingt

Bisweilen wird argumentiert, dass Stücke in Moll auch lustig klingen können. Häufig werden dazu Musikstücke in schnellem Tempo angeführt, wie etwa der Finalsatz aus der Klaviersonate A-Dur KV 331 von Wolfgang Amadeus Mozart, das Rondo *Alla turca* (Abbildung 13). Wenn wir uns vorstellen, wir wollten einen Film drehen, der mit diesem Sonatensatz untermalt werden soll, gelingt es uns leichter, den Ausdrucksgehalt dieser Musik zu erfassen. Was würde so ein Film zeigen? Da hier ein türkischer Marsch mit dem Tempo *„Allegretto"* bezeichnet wird, müsste es ein Film im Zeitraffer-Tempo sein. Passen würde diese Musik zu einem humorvollen Stummfilm oder Zeichentrickfilm, in dem eine Panne nach der anderen passiert. Wohl wäre der Film lustig für den Zuschauer, nicht aber für die dargestellten Figuren im Film. Der Vorgang der Identifikation bei einem solchen Film kann so verstanden werden, dass sich der Zuschauer zwar mit den Figuren im Film identifiziert, jedoch aus einer solchen Distanz heraus, dass er das Ganze lustig finden kann. Diese mehrschichtige Art der Identifikation wird im Rondo *Alla turca* allein mit musikalischen Mitteln erreicht.

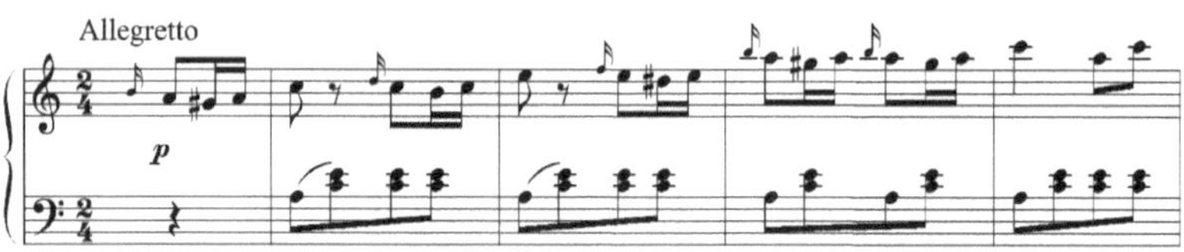

Abbildung 13: Das Rondo ‚Alla turca' wird oft als Argument dafür angeführt, dass Moll nicht immer traurig klingen muss (vgl. Mozart 1977, 174).

Ähnliches gilt für das bekannte russische Lied *Kalinka* (Abbildung 14) von Iwan Petrowitsch Larionow, das mitunter als Beispiel für ein lustiges Lied in Moll zitiert wird. Auch hier hilft die Vorstellung, wir würden eine zur Musik passende Filmszene drehen, wenn wir die Stimmung des Liedes ergründen wollen. Was würde so eine Szene zeigen? Sicherlich keinen Menschen, der gemütlich im Garten liegt und sich an den vielen Beeren erfreut, von denen im Liedtext die Rede ist. Denn später erscheint eine Textstelle, die frei übersetzt heißt: *„Schönes Mädchen, liebes Mädchen, hab' mich doch lieb!"*. Diese Bitte legt nahe, dass es sich um eine unglückliche Liebe handelt. Der schwermütige, traurige Hintergrund geht also schon aus dem Text hervor.

Dennoch hat das Lied in seiner Temposteigerung rauschartigen Charakter. Der passende Film, den wir drehen würden, müsste also alle erwähnten Eigenschaften zusammenführen. Er könnte eine Person zeigen, die ihre ungestillte Sehnsucht nach Liebe in einem rauschartigen Tanz, der immer schneller wird, ertränkt. Wir, die Hörer des Liedes, müssen dagegen weder unglücklich verliebt sein noch uns in einem Rausch befinden. Vielmehr identifizieren wir uns mit einer unerfüllten Sehnsucht aus einer solchen Distanz heraus, dass wir die schmerzhaften Anteile dieser Sehnsucht nicht selbst ertragen müssen, sondern das Ganze romantisch und lustig finden können.

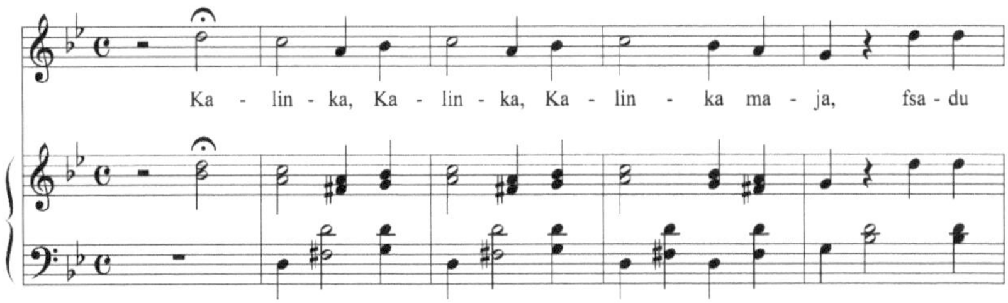

Abbildung 14: Das russische Lied ‚Kalinka' gewinnt seine Atmosphäre aufgrund mehrschichtiger Identifikationen (vgl. Larionow 1980, 22).

2.4 Zu Spannung, Mut und Abenteuer passt äolisches Moll

In der äolischen Molltonleiter liegen die Halbtonschritte zwischen der zweiten und dritten sowie zwischen der fünften und sechsten Stufe, nicht aber zwischen der siebten und achten, weswegen die siebte Stufe hier kein Leitton ist. Eine Tonleiter in äolischem Moll besteht beispielsweise aus den Tönen *a*, *h*, c^1, d^1, e^1, f^1, g^1 und a^1. In äolischem Moll gibt es keine Durdominante, sondern eine Molldominante. Besteht die Tonika aus den Tönen *a*, c^1 und e^1, dann bilden die Töne e^1, g^1 und h^1 die Molldominante. Versuchen wir, die Strebetendenz-Theorie auf den Wechsel von Tonika und Molldominante anzuwenden, ergeben sich emotionale Inhalte, die beim ersten Anschein widersprüchlich erscheinen. Nehmen wir zur Erklärung zunächst an, der Molltonika a-moll würde die Durdominante E-Dur folgen. Dann würden wir uns bei der Molltonika – wie oben hergeleitet - zunächst mit dem Gefühl des Nicht-Einverstandenseins identifizieren, bei der folgenden Durdominante dann mit einem Willen gegen eine Veränderung, weil die Dominante in diesem gedachten Beispiel ja ein Durakkord ist. Diese Identifikation mit einem Willen gegen eine Veränderung bei der Dominante würde jedoch konkret als Identifikation mit einem Willen gegen die Rückführung zur Molltonika hin empfunden, da wir die Molltonika als Auflösung der Durdominante erwarten.

Steht die Dominante nun aber nicht in Dur, sondern in Moll, wie das in äolischem Moll der Fall ist, erscheint auch der Wille gegen die Rückführung der Molldominante zur Tonika im Sinne der Strebetendenz-Theorie getrübt, weil der Leitton jetzt matt und schwach ist (vgl. Hindemith 1940, 101). Bei der Molldominante der Molltonika identifiziert sich der Hörer demnach mit einem getrübten Willen (vermollte Dominante) gegen eine Phase des Nicht-Einverstandenseins (Molltonika). Mit anderen Worten: Der Hörer identifiziert sich mit einer Haltung des Zulassens von etwas nicht Gewolltem. So widersprüchlich dieser Willensinhalt zunächst erscheint, wird er doch schnell plausibel, wenn wir ihn als Ausdruck von Mut interpretieren. Wer mutig ist, lässt etwas zu, obwohl es ihm momentan unangenehm ist. Er überwindet seine eigene Emotion.

Die Verbindung Molltonika-Molldominante scheint bestens geeignet, um mit musikalischen Mitteln Mut, Spannung und Abenteuerlust auszudrücken. Sie findet in der Filmmusik häufig Verwendung, wenn spannende Kriminalfilmszenen untermalt werden. Auch die Vorspannmusik von Kriminalfilmen steht vorwiegend in äolischem Moll, um den Zuschauer auf eine spannende Handlung vorzubereiten. Man denke etwa an die Harmonien im Vorspann der Fernsehreihe *Tatort*. Bei dieser von Klaus Doldinger komponierten Musik kann sich der Hörer mit einem Gefühl des Muts und der Spannung identifizieren, ohne dass er Situationen, die Mut erfordern, selbst überstehen müsste.

Ferner macht diese Harmonieverbindung, die der Strebetendenz-Theorie entsprechend Gefühle von Mut und Abenteuerlichkeit zum Ausdruck bringen kann, den Charakter zahlreicher Rock- und Popmusikstücke in äolischem Moll aus. Zur Verwendung von äolischem Moll in Rockmusik sagt Alf Björnberg (2007, 276):

> *„'Aeolian harmony' is the term adopted here for a certain type of modal harmonic practice which, as has already been hinted at, has gradually become more frequent in rock music in the last ten years."*

Wolfgang Jaedtke (vgl. 2000, 210f) weist darauf hin, dass in der Popmusik Skalen wie etwa das äolische Moll an Bedeutung gewinnen. Beispiele für Popmusik in äolischem Moll sind die Songs *Child in Time*, *When a Blind Man Cries*, *Smoke on the Water*, *Black Night* oder *Highway Star* von Deep Purple. Ebenso der leidenschaftliche Schlussteil in *Stairway to Heaven* von Led Zeppelin, *Paranoid* von Black Sabbath, *We don't Need no Education* oder *Money* von Pink Floyd.

Auch in der Hip-Hop-Szene schaffen sich Sänger mit Vorliebe einen musikalischen Hintergrund in äolischem Moll, der sie im Sinne der Strebetendenz-Theorie als in einer abenteuerlichen Atmosphäre befindlich erscheinen lässt. Zur Verwendung von äolischem Moll in dieser Stilart sagt Harald Scholz (2014, 313) in seinem Buch *Harmonik im musikalischen Mainstream der Jahre 2001 – 2010*:

> *„Der leittonfreie VI. Modus des ionischen Systems, Äolisch, scheint demnach in der Tat häufigster bezugsstiftender Zusammenhang für mehrgliedrige harmonische Progression in R'n'B-/HipHop-Music des Zehnjahreszeitraums zu sein, und zwar allein aus dem Fundus der sieben diatonischen Harmonien schöpfend – 40% der in der Stichprobe verzeichneten Progressionseinheiten aus wenigstens zwei verschiedenen Harmonien lassen sich auf diese*

Weise auslegen, weil insbesondere auch gerade auf Material der harmonischen Molltonleiter verzichtet wurde."

Eine besonders starke Wirkung hat nach unseren Beobachtungen das Stück *Samba pa ti* (Abbildung 15) von Carlos Santana, die wir im Folgenden aus unserer Sicht erklären: Bei der Analyse des Stücks stößt man auf einen besonderen Kunstgriff hinsichtlich der Wirkung des äolischen Moll, das eine kurzfristige Verwirrung des Hörers erzeugt. Obwohl das Stück in e-Moll steht, bewegt sich die auftaktartige Wendung am Anfang zunächst in a-Moll, das als Tonika empfunden wird. Nach diesem Höreindruck wirkt das G-Dur des zweiten Takts wie die Zwischendominante der Tonikaparallele C-Dur. Im dritten Takt überrascht auf einmal die Molldominante h-Moll, die man jedoch als Molldoppeldominante aufnimmt, da uns am Anfang a-Moll als Tonika erschienen war. Dieser Eindruck einer Molldoppeldominante bewirkt nun, dass der abenteuerliche Charakter der vermeintlichen Molltonika a-Moll auch der vermeintlichen Molldominante e-Moll zukommt, weil die ja ebenso eine Molldominante hat. Dieser Effekt verstärkt den abenteuerlichen Charakter, dessen Höhepunkt man hier exakt lokalisieren kann: Es ist der Leadgitarrenaufschwung von d^1 zu fis^1 am Übergang von Takt zwei zu drei, der hier in der Oberstimme der Klavierfassung notiert ist.

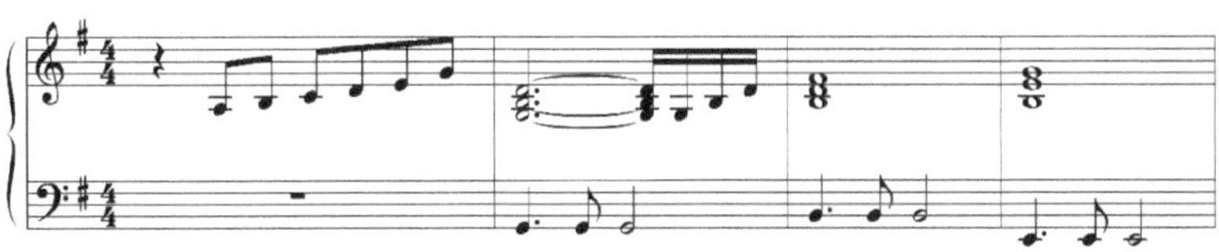

Abbildung 15: Wegen seiner abenteuerlichen Wirkung beliebt ist das Stück ‚Samba pa ti' von Carlos Santana.[1]

Auch beim Klavierstück *The Groover* (Abbildung 16) aus *Rock Piano* lässt sich unserer Beobachtung nach der abenteuerliche Charakter des äolischen Moll nachempfinden.

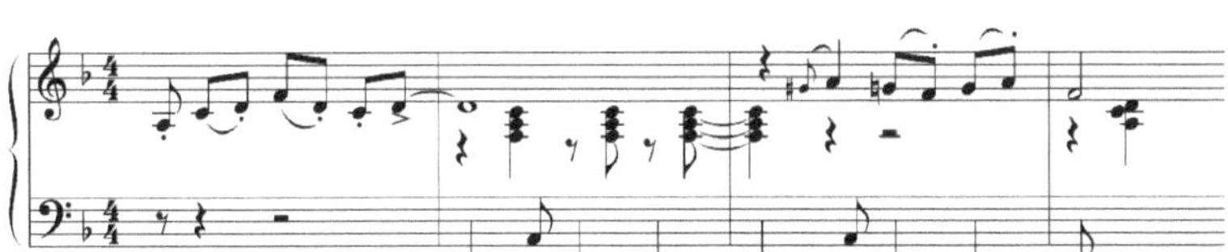

Abbildung 16: Äolisches Moll wirkt nicht traurig, sondern eher abenteuerlich oder mutig. Bei ‚The Groover' lässt sich das nachempfinden (vgl. J. Moser 1985, 31).

Um zu zeigen, dass der mutig-abenteuerliche Charakter des Stücks *The Groover* tatsächlich auf das äolische Moll zurückzuführen ist, haben wir im folgenden Notenbeispiel (Abbildung 17) den Anfang des Stücks *The Groover* leicht verändert. Das Moll ist jetzt nicht mehr äolisch. Im

[1] Vgl. Santana, C. (1970). Samba pa ti, online unter URL: https://www.musicnotes.com/sheetmusic/mtd.asp?ppn=MN0152750 [25.03.2019].

Sinne der Strebetendenz-Theorie hat sich dadurch der Charakter des Stücks gewandelt, es hat nun seine abenteuerliche Wirkung verloren.

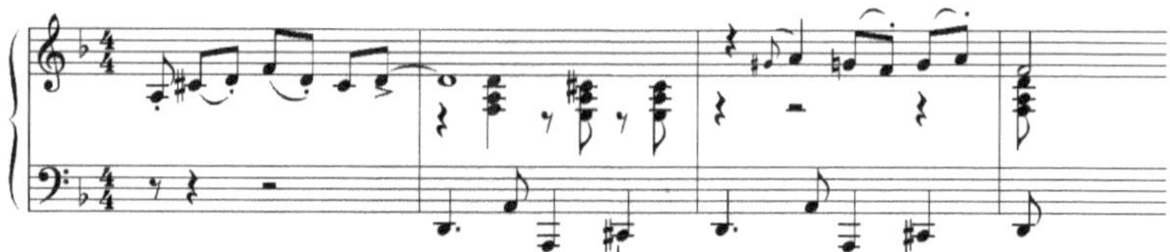

Abbildung 17: Durch die Veränderung des Moll hat sich der Charakter des Stücks verändert. Es klingt nicht mehr abenteuerlich (vgl. J. Moser 1985, 31).

Auch das Lied *Hejo, spann' den Wagen an* (Abbildung 18) von Thomas Ravenscroft hat unserer Ansicht nach nichts mit Trauer zu tun, obwohl es von Anfang bis zum Ende in Moll steht. Das Moll ist äolisch und steht der Strebetendenz-Theorie entsprechend für die Überwindung zum Aufbruch. Der Text beschreibt einen Aufruf, etwas zu tun, wozu man möglicherweise keine Lust hat, etwa im Sinn von „packen wir's an, es muss jetzt sein!".

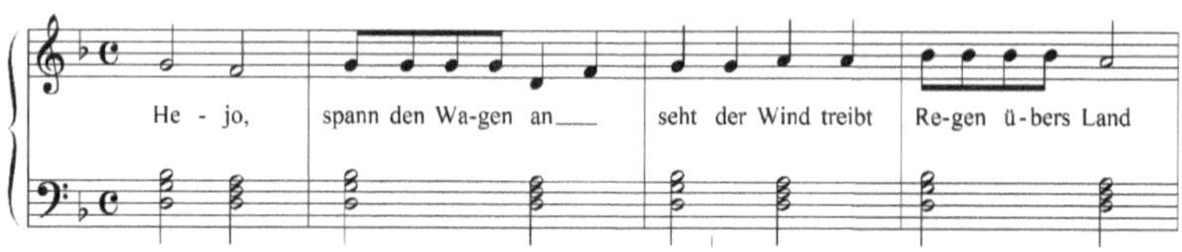

Abbildung 18: Die Mollharmonien im Lied ,Hejo, spann den Wagen an'[1] *stehen für die Überwindung, die Arbeit jetzt anzupacken, auch wenn man bei dem drohenden Regen lieber zu Hause geblieben wäre.*

In der esoterischen Meditationsmusik sind leise Klangfolgen in äolischem Moll sehr beliebt. Die Anwendung der Strebetendenz-Theorie beschreibt sie als Ausdruck des Sich-Fallen-Lassens in ein meditatives Abenteuer. Der „mutige" Charakter der Klänge bezieht sich hier auf das Zulassen von Emotionen und neuen spirituellen Erfahrungen.[2]

Die beschriebene Wirkung des äolischen Moll wurde auch durch unsere Tests bestätigt. Im Basis-Test, Teil B (siehe S. 116), entschieden sich 70 % der Probanden auf die Frage, welches der zwei folgenden Musikbeispiele abenteuerlicher klinge, für das erste in äolischem Moll (Abbildung 19), obwohl beide Musikbeispiele Dur- und Mollakkorde enthalten. Im ersten Beispiel wirken die Mollharmonien nicht traurig, sondern eher abenteuerlich. Die Strebetendenz-Theorie erklärt diese Wirkung aufgrund des äolischen Moll der letzten beiden Akkorde. Das zweite Beispiel (Abbildung 20) enthält Mollharmonien und dominantische Durakkorde.

[1] Vgl. Ravenscroft, T. (o.J.). Hejo, spann den Wagen an, online unter URL: https://musescore.com/user/14934216/scores/3472291/piano-tutorial [25.03.2019].
[2] Vgl. o.V. (2010). Spirituelle Music, online unter URL: https://www.youtube.com/watch?v=nuo7OMP-O1I [02.01.2019].

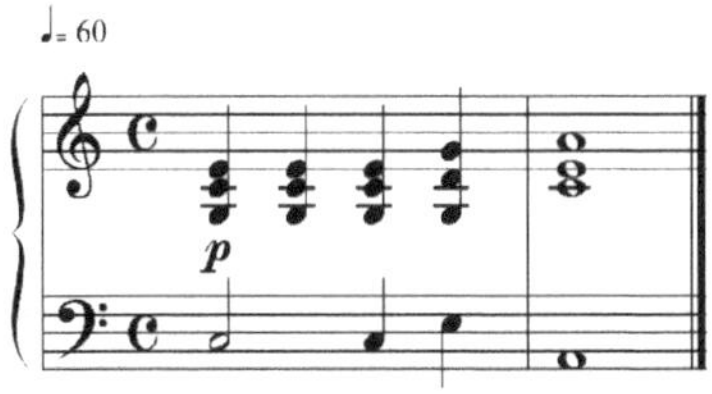

Abbildung 19: 70 % der Probanden gaben an, dieses Musikbeispiel klinge abenteuerlicher als das folgende (BW).

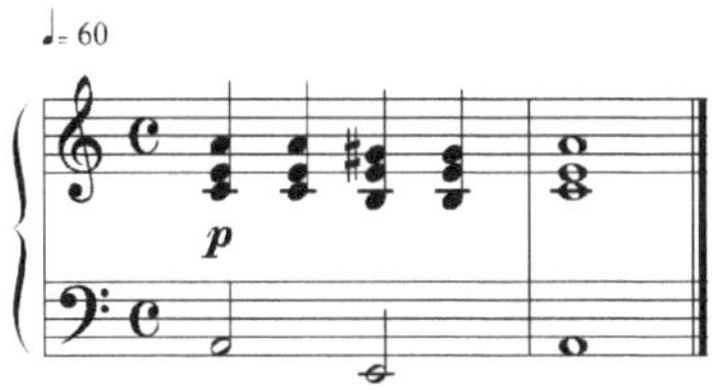

Abbildung 20: Dieses Musikbeispiel mit der Durdominante wurde von den Probanden als weniger abenteuerlich bewertet (BW).

Auch im folgenden Musikbeispiel (Abbildung 21) wirkt das äolische Moll offensichtlich nicht traurig, sondern eher abenteuerlich oder mutig. Denn beim Rocky-Test (siehe S. 112) wählten die Probanden es zu 92 % als passend zu einer Szene aus, die eine Situation darstellt, die Mut erfordert.

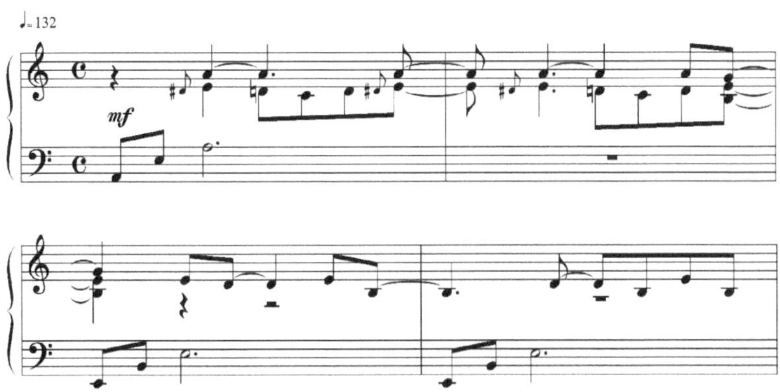

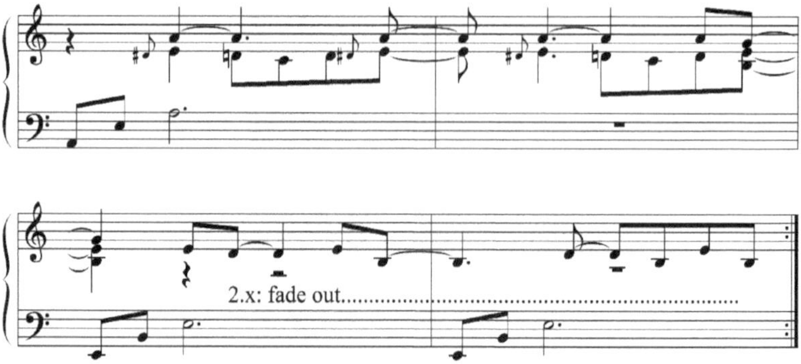

Abbildung 21: Dieses Musikbeispiel in äolischem Moll wurde von 92 % der Probanden als passend zu einer Szene bevorzugt, in der eine Situation dargestellt wird, die Mut erfordert (BW).

Das folgende Musikbeispiel (Abbildung 22) wurde lediglich von 8 % der Probanden ausgewählt. Ein solches Ergebnis mag überraschen, widerspricht diese Präferenz doch dem weitverbreiteten Verständnis von Dur- und Mollakkorden. Der Mollklang des überwiegend ausgewählten ersten Beispiels (Abbildung 21) kommt nicht etwa mit traurigem, sondern mit aktivem, positivem Charakter daher. Das entspricht der Beschreibung des äolischen Moll durch die Strebetendenz-Theorie. Der Durklang des zweiten Beispiels (Abbildung 22) wurde hingegen als unpassend für eine mutige, aktive Stimmung eingeschätzt.

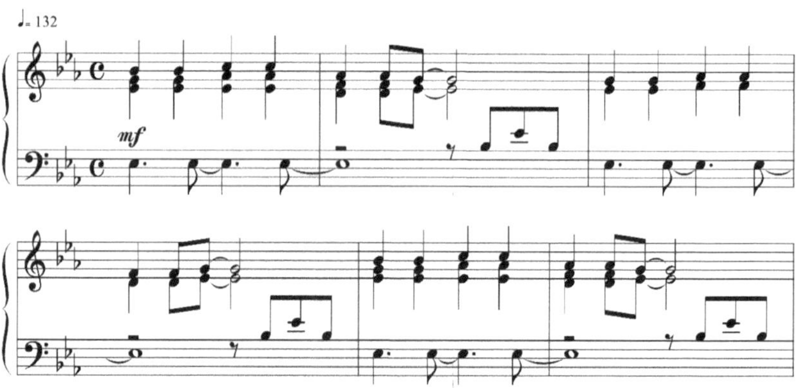

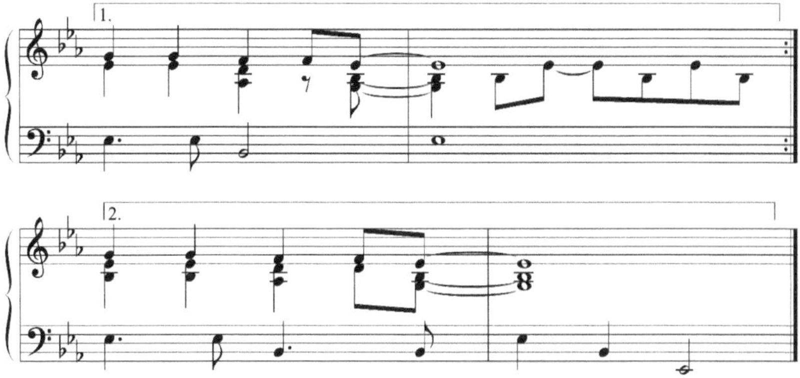

Abbildung 22: Obwohl dieses Musikbeispiel in Dur steht, wurde es von den Probanden kaum als passend zu einer Szene ausgewählt, die eine Situation zeigt, die Mut erfordert (BW).

2.5 Die Dominante in Dur bringt Bewegung in die Musik

Der Begriff der Dominantspannung hat sich im musikalischen Sprachgebrauch fest etabliert. Das Moser Musiklexikon (1955, 283) schreibt: *„ Die D.* [Dominante, d. Verf.] *in Dur ist funktionell vor allem dadurch so bedeutsam, daß [!] ihre Terz als Leitton in den Grundton der Tonika führt, also zwingend in die Tonika einmündet."* Das Riemann Musiklexikon erwähnt die *„vorwärts gerichtete Tendenz"* eines Leittons. (Dahlhaus und Eggebrecht 1989, 28). Steht ein Stück in C-Dur, dann ist die Durdominante G-Dur, beispielsweise der Dreiklang *g-h-d*^{1}. Da die Dominante in diesem Fall ein Durakkord ist, ergibt sich beim wiederholten Wechsel Durtonika-Dominante eine Folge von Durakkorden. Ersetzt man hier die herkömmlichen Beschreibungen von Strebewirkungen durch die Beschreibung von entsprechenden Willensinhalten gemäß der Strebetendenz-Theorie, dann enthält die dadurch erreichte neue Darstellung dieses Zusammenhangs auf den ersten Blick in sich widersprüchliche Aussagen.

Denn die Phase der Tonika erscheint – solange sie selbst klingt – als *gewollt*, aus der Sicht der Zeitspanne, in der die Dominante klingt, aber als *nicht gewollt*. Das Gefühl des Beibehalten-Wollens während der Phase, in der die Dominante klingt, ist der Strebetendenz-Theorie entsprechend mit dem Willen gekoppelt, die Rückauflösung zur Tonika zu vermeiden, da die Rückauflösung zur Tonika der Phase, in der die Dominante klingt, ein Ende setzen würde. Die Tonika erscheint also abwechselnd gewollt und nicht gewollt. Das erscheint auf den ersten Blick zwar sinnlos, entspricht es doch hinsichtlich der Tonika folgender Aussage: *ich will, ich will nicht, ich will, ich will nicht....* Diese Widersprüchlichkeit kann der Hörer jedoch durch die Vorstellung von Bewegung auflösen. Denn wer zum Beispiel wandert, stößt sich bei jedem Schritt mit dem Fuß von einem bestimmten Punkt seines Weges ab, den er einen kurzen Augenblick zuvor noch angestrebt hat. Über diese Erklärung durch die Strebetendenz-Theorie schreibt Marc Neufeld (2011, 196): *„Diese Erfahrung ist nachzuvollziehen."*

Deryck Cooke (1959, 90) beschreibt den Charakter der Dominante folgendermaßen: *„Emotionally neutral; context of flux, intermediacy."*

Zu einem der bekanntesten deutschen Volks- und Wanderlieder wurde *Das Wandern ist des Müllers Lust* in der Vertonung von Carl Friedrich Zöllner, nach einem Text von Wilhelm Müller. Harmonisch bewegt sich das Lied (Abbildung 23) vor allem im Bereich Tonika-Dominante, weswegen es zur Vorstellung von Bewegung geeignet ist.

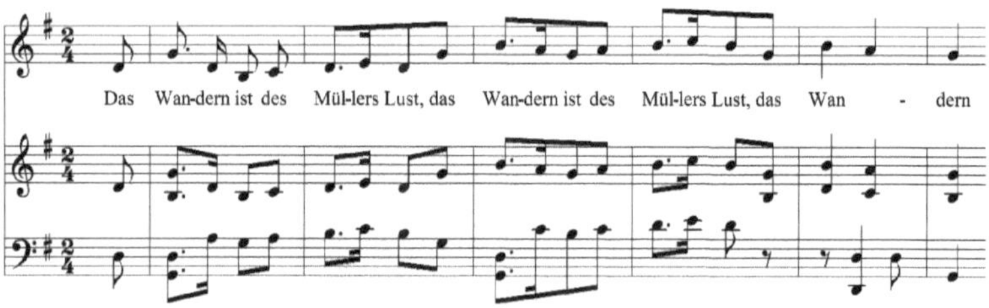

Abbildung 23: Der Harmoniewechsel Tonika – Dominante in Dur eignet sich, um die Vorstellung von Bewegung zu erzeugen, wie in dieser Volksliedfassung.[1]

Etwas subtiler strukturiert ist Schuberts Vertonung desselben Textes. *Das Wandern* (Abbildung 24) aus dem Zyklus *Die schöne Müllerin* tangiert entferntere Tonarten, doch auch hier wird die Vorstellung von Bewegung im Sinne der Strebetendenz-Theorie durch den Harmoniewechsel Tonika-Dominante erzeugt. Allerdings ist das Lied kaum zum Wandern geeignet. Arnold Feil (1975, 58) formuliert das so:

„Man kann die Bewegung solcher Musik zwar nicht in leibhaftige Bewegung umsetzen, aber man kann sie gewissermaßen übersetzen, man kann sie sich ‚musikalisch vorstellen' und dementsprechend ‚musikalisch' realisieren."

[1] Vgl. Zöllner, Carl Friedrich/Müller, Wilhelm: Das Wandern ist des Müllers Lust (1844), online unter URL: https://www.musicalion.com/de/scores/noten/5321/carl-friedrich-z%C3%B6llner/20444/das-wandern-ist-des-m%C3%BCllers-lust [25.03.2019].

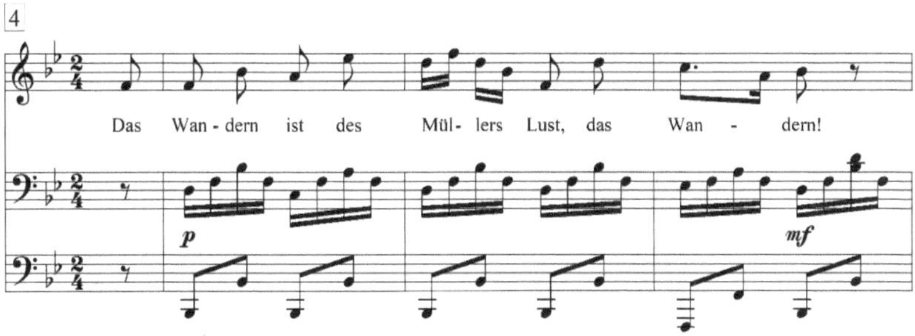

Abbildung 24: Auch in Schuberts Kunstliedfassung ‚Das Wandern' sind die Harmonien vom Wechsel Tonika-Dominante geprägt (vgl. Schubert und Müller 1985, 4).

Der Wechsel von Tonika und Dominante in den Takten 3 und 4 im *Morgenlied* (Abbildung 25) von Theodor Pfeiffer kann die Vorstellung von Bewegung erzeugen.

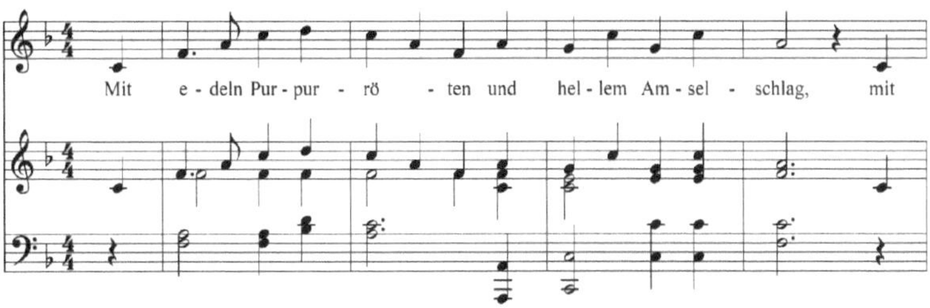

Abbildung 25: Die Vorstellung von Bewegung beim ‚Morgenlied' ergibt sich aufgrund des Harmoniewechsels von Tonika und Dominante (vgl. Pfeiffer und Meyer 1992, 338).

Auch bei unseren Tests bestätigte sich die Wirkung des Harmoniewechsels Tonika-Dominante als Ausdruck von Bewegung. Im Basis-Test, Teil A (siehe S. 115), stand das folgende Klangbeispiel (Abbildung 26) neben vier anderen zur Auswahl. 87% der Probanden wählten dieses Beispiel, in dem Tonika und Dominante abwechselnd erklingen, als zum Begriff *Wandern* passend aus.

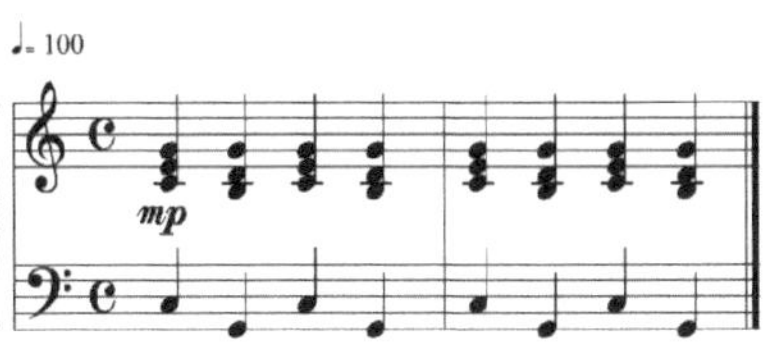

Abbildung 26: Den Harmoniewechsel Tonika-Dominante beschreibt die Strebetendenz-Theorie als Ausdruck von Bewegung. 87% der Probanden ordneten diesen Harmoniewechsel dem Begriff ‚Wandern' zu (BW).

Beim Rocky-Test (siehe S. 112) wurden die folgenden zwei Musikbeispiele zur Untermalung einer Märchenszene angeboten, die beschreibt, wie sich der Protagonist des Testmärchens froh gestimmt auf den Weg zu seinem Abenteuer macht. 85 % der Probanden gaben an, dass das erste Musikbeispiel (Abbildung 27) besser zu der Szene passe. Das Stück wechselt zwischen Tonika und Dominante, wodurch die Vorstellung von Bewegung erzeugt wird.

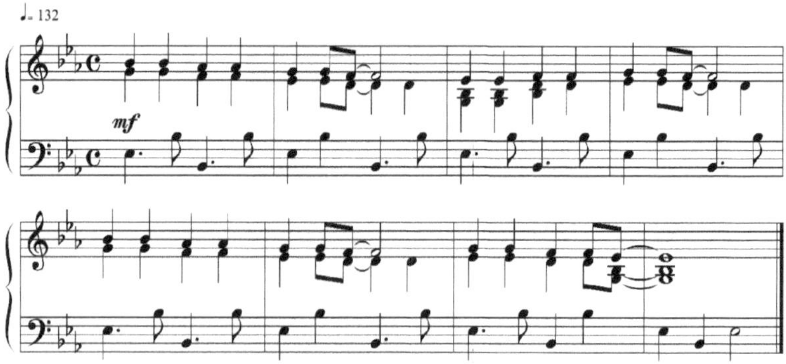

Abbildung 27: Dieses Musikbeispiel besteht aus Tonika- und Dominantklängen und wurde von 85 % der Probanden als passend zu der Szene ausgewählt, in der sich der Protagonist des Testmärchens gut gelaunt auf den Weg zu seinem Abenteuer macht (BW).

Das folgende Musikbeispiel (Abbildung 28) ist dem Beispiel oben in manchen Parametern – etwa Tempo, punktierter Rhythmus und Lautstärke – ähnlich, steht aber in Moll. Es wurde von deutlich weniger Probanden als zu einer Wanderszene passend ausgewählt.

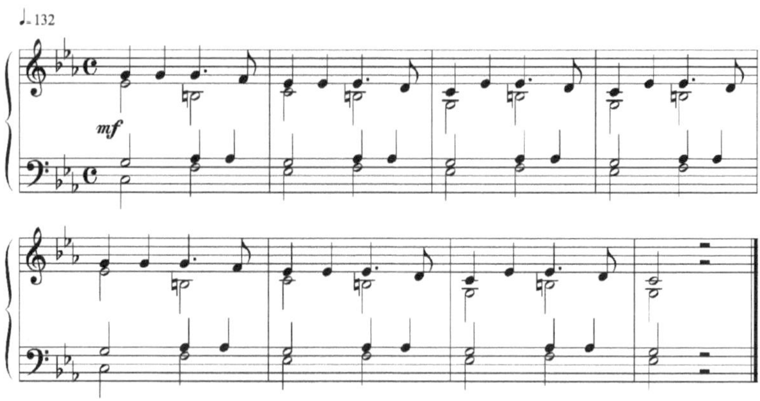

Abbildung 28: Dieses Musikbeispiel wurde von 15% der Probanden als zu einer Wanderszene passend präferiert (BW).

2.6 Die Zwischendominante drückt emotionale Betroffenheit aus

Zwischendominanten sind Klänge, die die Erwartung einer Auflösung in einen anderen Akkord als die Tonika wecken, und leiten oft eine Modulation ein. Durch Zwischendominanten wird Musik in ihren Ausdrucksmöglichkeiten wesentlich bereichert. Zum Verständnis der Wirkung der Zwischendominante erinnern wir zunächst an die einfache Dominante, wie sie ab Seite 33 beschrieben ist. Die Dominante erzeugt im Sinne der Strebetendenz-Theorie die Erwartung der Rückauflösung in die Tonika. Wer also das Erleben des Dominantakkordes psychologisch analysiert, muss dabei nicht nur einen, sondern zwei Klangcharaktere in seine Überlegungen mit einbeziehen.

Bei einer Zwischendominante kommt jedoch hinzu, dass sie nicht – wie eine einfache Dominante – auf die bereits zuvor gehörte, wiederkehrende Tonika hinweist, sondern auf eine Zwischentonika, die für den Hörer in diesem Moment neu ist. Wenn nun eine Zwischendominante, deren Auflösungserwartung ein Mollklang ist, für den Hörer überraschend eingeführt wird, entnimmt der Hörer der Zwischendominante den Charakter einer spontan eingenommenen Abwehrhaltung gegen eine plötzlich und unerwartet „drohende", nicht gewollte Veränderung. Die Zwischendominante kann dann Ausdruck von spontaner emotionaler Betroffenheit sein, etwa Ausdruck einer bitteren Enttäuschung. An dieser Stelle wird unserer Beobachtung nach deutlich, dass es in der Musik nicht nur um den Willen *„in seiner allergrößten Allgemeinheit"* geht, wie Nietzsche (1997, 1086) sagte, sondern um einen Willen, der umso konkreter beschreibbar wird, je gründlicher wir das Ineinanderwirken verschiedener Harmonien untersuchen. Denn im Sinne der Strebetendenz-Theorie beeinflusst die Art der Identifikation mit dem Willensinhalt beim erwarteten Auflösungsklang den Willen, mit dem wir uns beim gegenwärtigen Klang identifizieren. Der Charakter einer Zwischendominante hängt demnach vom Charakter des erwarteten Auflösungsklangs ab.

Bei Befragungen stellen wir immer wieder fest, dass auch musikalisch nicht geschulte Hörer ein und denselben Zwischendominantklang in Abhängigkeit vom erwarteten Auflösungsklang in einer extremen Spannweite von heiter bis schmerzlich bewerten. Heiter, wenn die Auflösungserwartung eine Durharmonie ist, schmerzlich, wenn sie eine Mollharmonie ist, auch wenn es sich bei den Zwischendominanten um denselben Akkord handelt. Daraus lässt sich auf eine starke emotionale Wirkung der Zwischendominante schließen, wofür auch spricht, dass die Zwischendominante seit Jahrhunderten bis heute als besonders intensiv wirkende Reizharmonie kompositorische Verwendung findet.

2.6.1 Die Zwischendominante bei Franz Schubert

In Franz Schuberts Liedschaffen findet die Zwischendominante auf besonders subtile Weise Verwendung. Sie erscheint häufig dann, wenn im Text etwas Unerwartetes geschieht, das betroffen macht. Dieses Unerwartete kann auch ein Einfall, ein plötzlich auftauchender Gedanke oder ein Stimmungsumschwung sein. So zum Beispiel im Lied *Wohin* (Abbildung 29) aus dem Zyklus *Die schöne Müllerin*. Hier heißt es im Text *„ich weiß nicht, wie mir wurde."* Ein Gefühl, das der Müller nicht erwartete, bewirkt einen Stimmungsumschwung, auf den die Zwischendominante in Takt 11 hinweist.

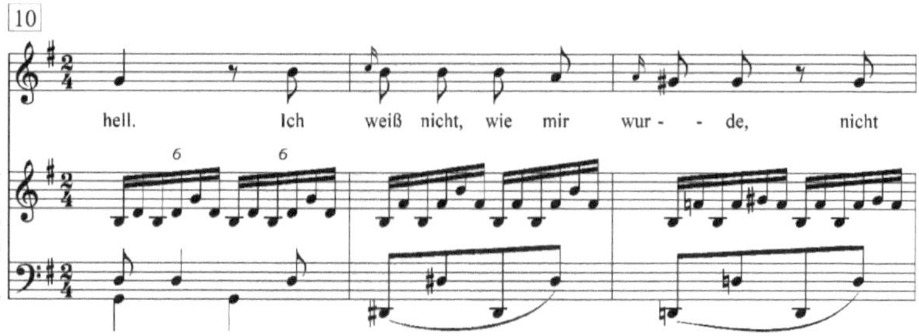

Abbildung 29: Die Zwischendominante in Takt 11 trifft mit einer im Text angedeuteten unerwarteten Empfindung zusammen (vgl. Schubert und Müller 1985, 6).

Ähnlich im Lied *Der Neugierige* (Abbildung 30). Hier will der Müller wissen, ob ihn die schöne Müllerin liebt, und geht in Gedanken einzelne Möglichkeiten durch, wie er die Antwort auf seine Frage bekommen könnte. Er erwägt gar, Blumen oder Steine zu befragen, verwirft den unsinnigen Gedanken aber wieder. Dann kommt ihm plötzlich die enttäuschende Erkenntnis, dass es *„alle"* sind, die ihm die Antwort nicht geben können. Auf dem Wort *„alle"* in Takt 9 bringt Schubert die Zwischendominante.

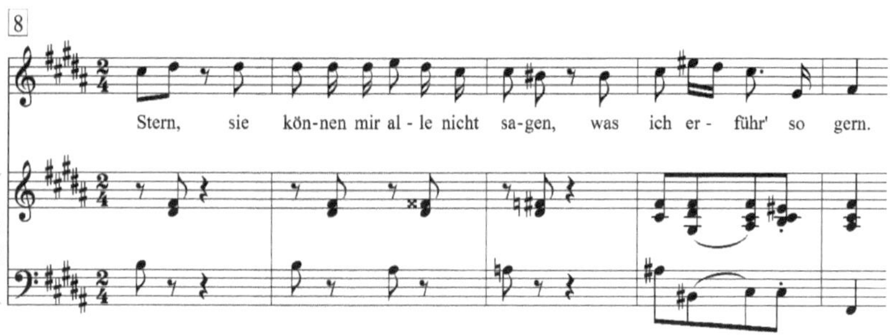

Abbildung 30: Die Zwischendominante beim Wort „alle" bringt den Moment der Resignation des Müllers bei der Suche nach einer Antwort auf seine Frage zum Ausdruck (vgl. Schubert und Müller 1985, 18).

Die Zwischendominante erscheint im selben Lied in Takt 50 (Abbildung 31) bei der Frage *„Liebt sie mich?"*. Sie unterstreicht hier den Moment, an dem die Gefühle des Müllers sich zu einer solchen Intensität gesteigert haben, dass er die Frage offen ausspricht, die er zuvor lediglich umschreibend formuliert hatte, als ob er sich bis dahin für seine Gefühle vor sich selbst geschämt hätte.

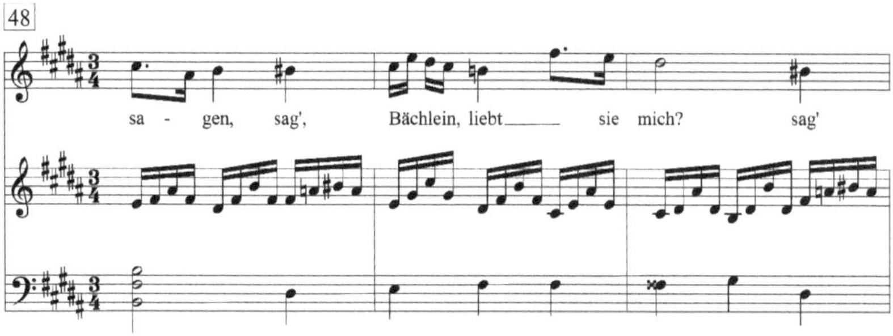

Abbildung 31: In Takt 50 steht die Zwischendominante auf dem Wort „mich", wenn der Müller die Frage „liebt sie mich?" erstmals offen ausspricht (vgl. Schubert und Müller 1985, 19).

Im Lied *Des Müllers Blumen* (Abbildung 32) erscheint die Zwischendominante in Takt 13 auf dem Wort *„hellblau"*, in dem Moment, als dem Müller die Augen der Müllerin in den Sinn kommen.

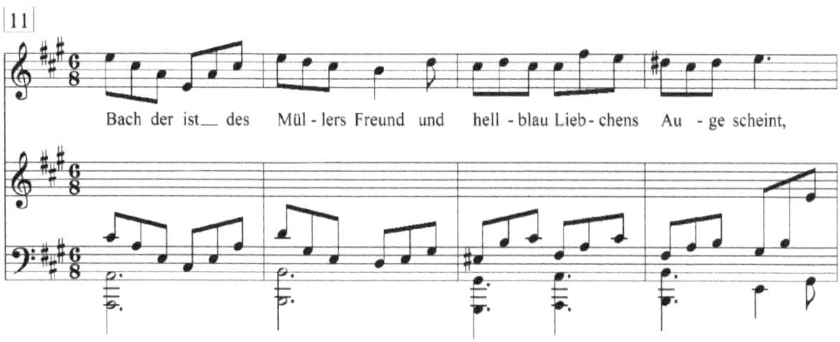

Abbildung 32: Im Lied ‚Des Müllers Blumen' steht die Zwischendominante auf dem Wort „hellblau" (vgl. Schubert und Müller 1985, 24).

Der Text des Liedes *Die böse Farbe* (Abbildung 33) beginnt zunächst optimistisch: *„Ich möchte ziehn in die Welt hinaus, hinaus in die weite Welt"*, heißt es da. Doch dann trübt sich die anfänglich positive Stimmung des Müllers, weil er fürchtet, dass er immer wieder der Farbe Grün begegnen wird, die die Erinnerung an seine unglückliche Begegnung mit dem Jäger hervorrufen könnte. Diesen Moment der Betroffenheit in Takt 9 harmonisiert Franz Schubert beim Wort *„grün"* mit der Zwischendominante.

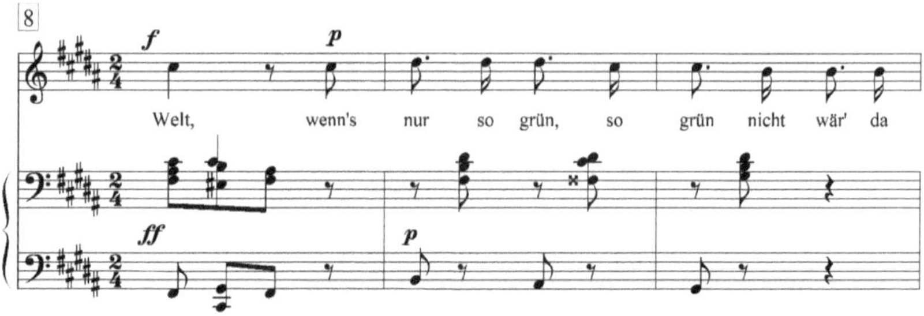

Abbildung 33: Beim Wort „grün", das den Müller an den Jäger erinnert, setzt Franz Schubert die Zwischendominante ein (vgl. Schubert und Müller 1985, 43).

Im Lied *Trockne Blumen*, Takt 33 (Abbildung *34*), erscheint die Zwischendominante der Tonikaparallele, wenn es im Text heißt *„und denkt im Herzen: der meint' es treu"*. Die Zwischendominante bringt hier die Betroffenheit des Müllers zum Ausdruck, der sich vorstellt, dass die Müllerin an ihn denken könnte, wenn sie einmal an seinem Grab vorbeigehen wird.

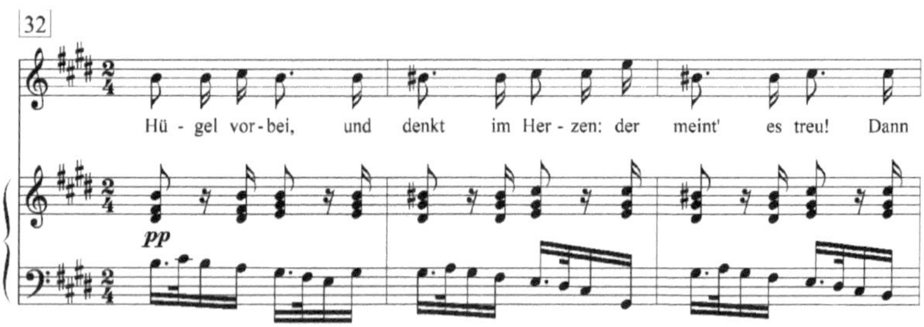

Abbildung 34: Auch hier bringt die Zwischendominante der Tonikaparallele Betroffenheit zum Ausdruck, die der Müller innerhalb seiner Gedankenfolge empfindet (vgl. Schubert und Müller 1985, 47).

Auch in der *Winterreise* findet die Zwischendominante auf die gleiche Weise Verwendung wie im Zyklus *Die schöne Müllerin*. Im Lied *Rückblick* aus der *Winterreise* Takt 40 (Abbildung 35) klingt die Zwischendominante der Tonikaparallele bei den Worten *„und ach, zwei Mädchenaugen glühten"*.

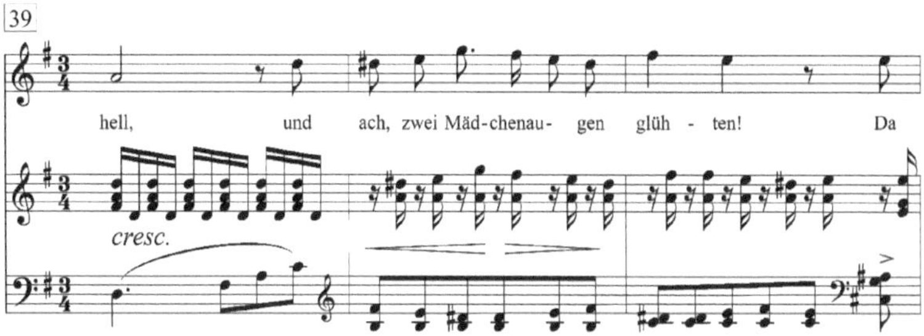

Abbildung 35: Die Zwischendominante in Takt 40 drückt die emotionale Betroffenheit des Wanderers in dem Moment aus, in dem die Augen des Mädchens in seiner Vorstellung erscheinen (vgl. Schubert und Müller 1985, 80).

Eine ähnliche seelische Betroffenheit wird im Lied „Die Post“ (Abbildung 36), ebenfalls aus der *Winterreise*, mit der Zwischendominante kommentiert, als der Wanderer seine anfängliche Freude über die Ankunft der Post hinterfragt, weil ihm bewusst wird, dass er keinen Brief zu erwarten hat. Auch hier drückt die Zwischendominante seelische Betroffenheit, einen spontanen Stimmungsumschwung aus.

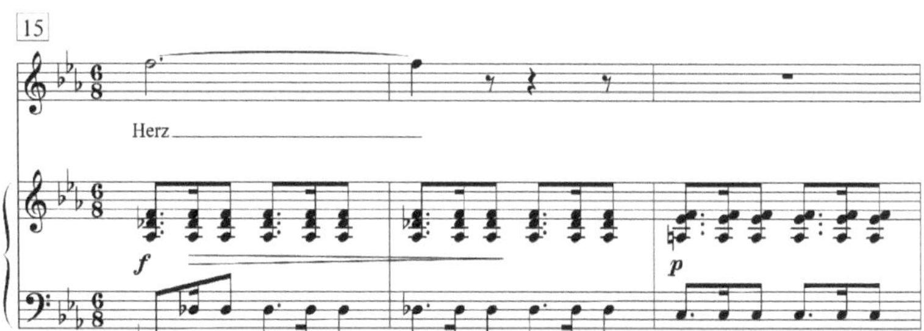

Abbildung 36: Im Lied ‚Die Post‘ (Takt 17) drückt die Zwischendominante die Betroffenheit des Wanderers aus, dem nach der ersten Freude bewusst wird, dass er keinen Brief zu erwarten hat (vgl. Schubert und Müller 1985, 92).

Der Moment emotionaler Betroffenheit, als dem Wanderer klar wird, dass das freundliche Licht, das vor ihm her tanzt, nur eine Sinnestäuschung ist, fällt auch im Lied *Täuschung* (Abbildung 37) mit der Zwischendominante zusammen.

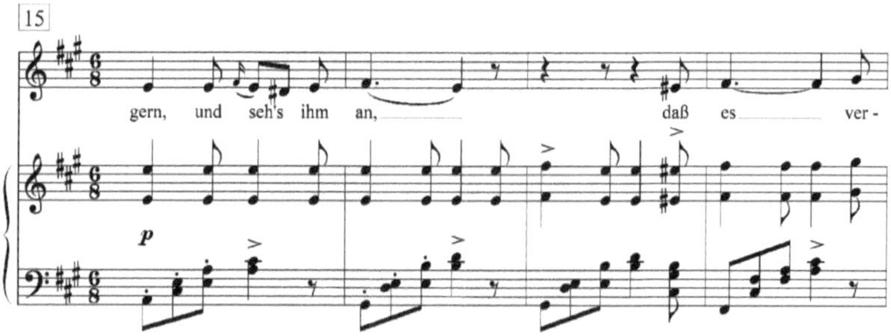

Abbildung 37: Die Zwischendominante auf dem letzten Achtel von Takt 17 bringt die Betroffenheit des Wanderers darüber zum Ausdruck, dass das Licht, dem er folgt, nur eine Täuschung ist (vgl. Schubert und Müller 1985, 108).

Als der Wanderer die Sinnlosigkeit seiner Flucht in die Einsamkeit realisiert, bringt Schubert im Lied *Der Wegweiser* (Abbildung 38) die Zwischendominante auf dem dritten Achtel in Takt 27.

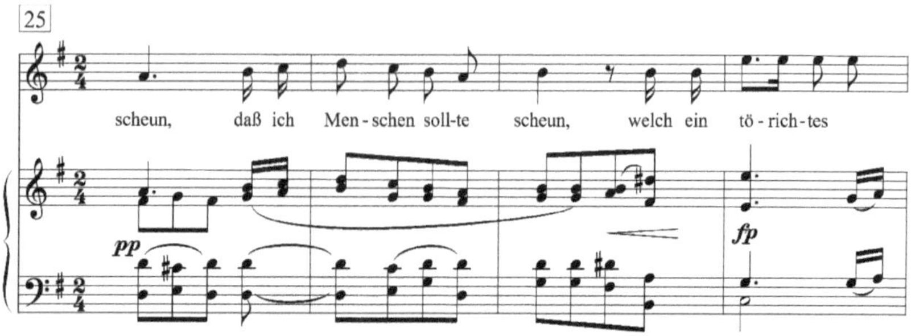

Abbildung 38: Schubert setzt die Zwischendominante in Takt 27 ein, als dem Wanderer bewusst wird, dass sein Weg ins Verderben führt (vgl. Schubert und Müller 1985, 111).

Im Lied *Die Nebensonnen* (Abbildung 39) erscheint die Zwischendominante in Takt 22. Einer Deutung gemäß, die zwei der Sonnen als Symbol für die Augen des Mädchens interpretiert, bekommt die Zwischendominante als Ausdruck von Betroffenheit einen Sinn. Arnold Feil (1975, 146) sagt dazu: *„So sicher mit den letzten [Sonnen, d. Verf.] die Augen des Mädchens und die Sonne am Himmel gemeint sind […], so sicher meinen die Textzeilen 3 und 5 andere Sonnen“*. Der Wanderer schaut bei den „letzten“ Sonnen demnach in Gedanken seiner Geliebten in die Augen, was in ihm emotionale Betroffenheit auslöst. Franz Schubert harmonisiert die Textstelle auf dem ersten Viertel von Takt 22 mit der Zwischendominante.

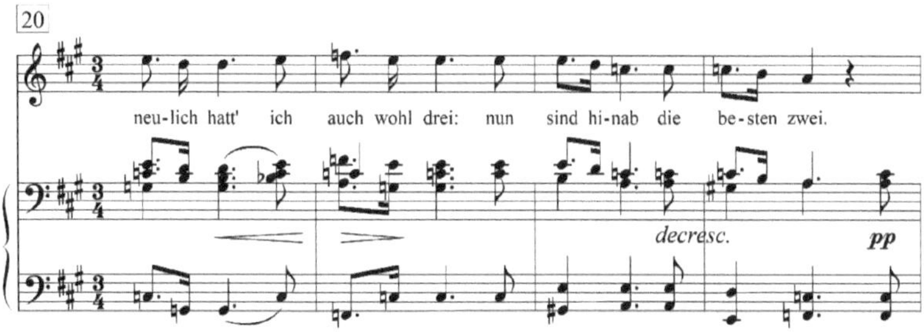

Abbildung 39: Die Zwischendominante in Takt 22 ist im Sinne der Strebetendenz-Theorie Ausdruck von Betroffenheit. Hier stellt sich der Wanderer die Augen seiner Geliebten vor (vgl. Schubert und Müller 1985, 118).

2.6.2 Die Zwischendominante bei anderen Komponisten

Auch Robert Schumann setzte die Zwischendominante an besonderen Textstellen ein. In den Liedern *Die Lotosblume* (Abbildung 40), bei den Worten *„ihr frommes Blumengesicht"*, und *Dein Angesicht* (Abbildung 41), bei den Worten *„aus den frommen Augen bricht"*, zeigt sich, welchen Ausdrucksgehalt Schumann diesem Klang zuschreibt, bringt er ihn doch überraschend jeweils an derjenigen Stelle im Lied, an der der bildlich miterlebende Hörer in der Vorstellung einem emotional betroffenen Wesen in die Augen schaut.

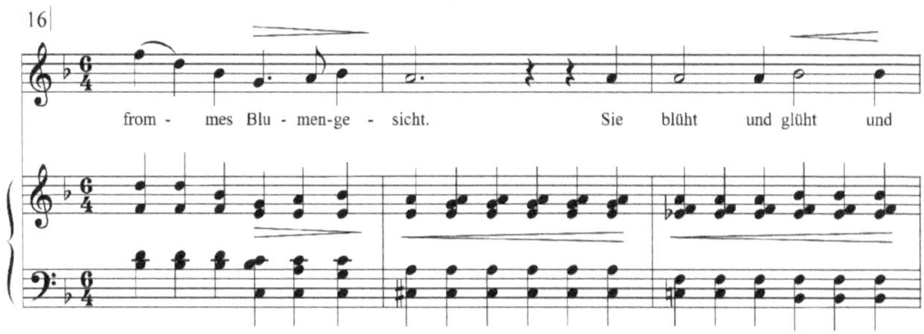

Abbildung 40: Im Lied ‚Die Lotosblume' (op. 25/7) verwendet Robert Schumann die Zwischendominante der Tonikaparallele als Ausdruck starker Emotionen – genau an derjenigen Textstelle (Takt 17), an der der bildlich miterlebende Hörer einem leidenschaftlich empfindenden Wesen in der Vorstellung in die Augen schaut (vgl. Schumann und Heine o.J., 18).

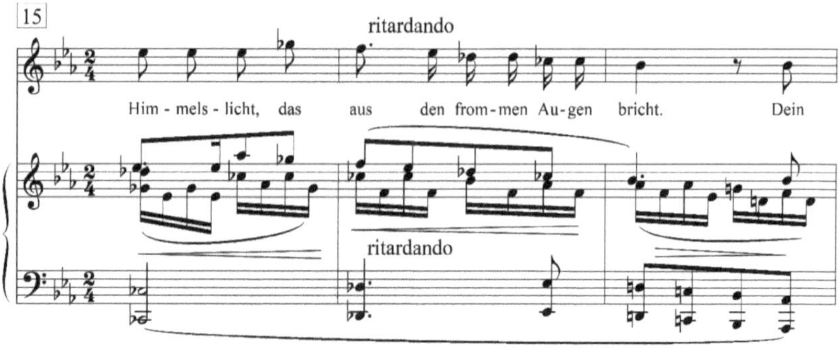

Abbildung 41: Im Lied ‚Dein Angesicht' (op.127/2) von Robert Schumann klingt die Zwischendominante der Tonikaparallele (Takt 17) in demjenigen Augenblick, in dem der bildlich miterlebende Hörer einer leidenden Person in die Augen schaut (vgl. Schumann und Heine o.J., 184).

Im Song *Yesterday* (Abbildung 42) von den Beatles wird die Zwischendominante auf eine ähnliche Weise verwendet wie bei Franz Schubert und Robert Schumann. Auch hier ist sie Ausdruck emotionaler Betroffenheit. Sie erscheint bei den Worten *„Why she had to go"*, also dann, wenn der Text nicht mehr das schlechte Allgemeinbefinden beklagt, sondern das dahinterstehende Problem, die verlorene Liebe.

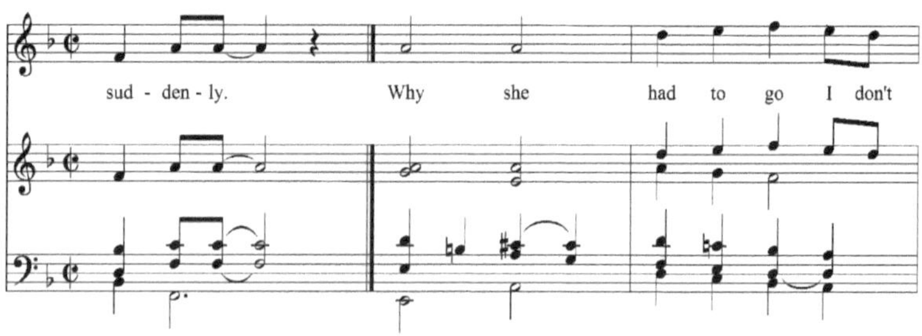

Abbildung 42: Die Zwischendominante der Tonikaparallele bei der Textstelle „Why she" im Song ‚Yesterday' ist Ausdruck von emotionaler Betroffenheit (vgl. Lennon und McCartney 1983, 140).

Auch die schwedische Popgruppe ABBA verlieh einigen ihrer Songs durch den Einsatz von Zwischendominanten einen besonderen Reiz, so zum Beispiel in *Dancing Queen* im zweiten Takt nach dem ersten Gesangseinsatz bei den Worten *„You Can Jive"* oder im Song *Fernando*, im Refrain auf dem Wort *„lose"*, wenn es im Text heißt *„Though we never thought that we could lose"*. Der Song *Sorry Seems to be the Hardest Word* (Abbildung 43) von Elton John und Bernie Taupin verwendet Zwischendominanten an exponierten Stellen, etwa im Refrain, wenn es im Text heißt *„so sad"*.

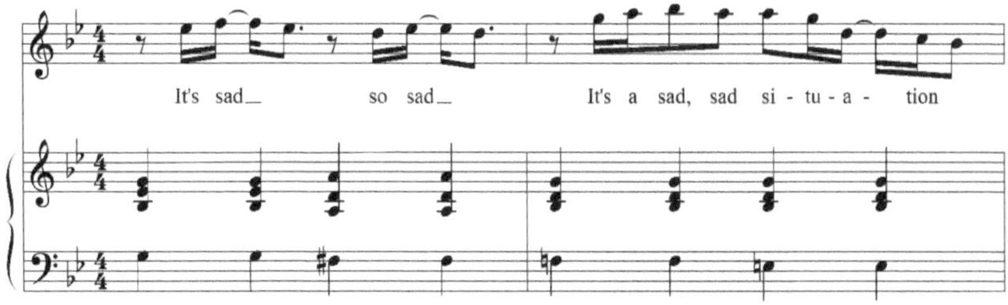

Abbildung 43: Im Sinne der Strebetendenz-Theorie verleiht die Zwischendominante bei den Worten „so sad" dieser Passage im Song ‚Sorry Seems to be the Hardest Word' ihre Wirkung.[1]

2.7 Wenn Dur so traurig klingt wie Moll

Auf ähnliche Weise, wie die Wirkung der Zwischendominante erklärt wurde, lässt sich durch Anwendung der Strebetendenz-Theorie auch zeigen, dass Durakkorde bisweilen ebenso traurig klingen können wie Mollklänge. Das ist etwa dann der Fall, wenn sie Dominante einer Molltonart sind. Dann nämlich stellt sich die übliche Dur-Moll-Kontrastwirkung nicht ein, die sich beispielsweise beim Wechsel von C-Dur nach c-Moll ergeben würde. Dies erklären wir folgendermaßen:

Bei der Klangfolge Molltonika-Dominante identifizieren wir uns zunächst bei der Molltonika – wie oben hergeleitet – mit einem Gefühl des Nicht-Einverstandenseins. Folgt dann die Dominante, identifizieren wir uns – gemäß der Anwendung der Strebetendenz-Theorie auf Durklänge – mit einem Willen gegen eine Veränderung. Aufgrund des Leittons der Dominante, der zur Molltonika weist, erwarten wir, dass diese Veränderung der Dominante zum Wiedereintritt der Molltonika führen wird. Die Phase der Molltonika erscheint also in zweierlei Hinsicht als nicht gewollt. Einmal, während die Molltonika selbst klingt, und einmal, während die Dominante klingt. Die Identifikation des Hörers, während die Dominante klingt, lässt sich dann folgendermaßen beschreiben: Der Hörer identifiziert sich mit einem „Gefühl des Nicht-Einverstandenseins mit einem Gefühl des Nicht-Einverstandenseins". Die Anwendung der Strebetendenz-Theorie auf die Harmoniefolge Dominante-Molltonika führt somit zu einer Art Pleonasmus. Dieser theoretisch hergeleitete Pleonasmus wird nun durch den Höreindruck bestätigt: Eine Molltonika und ihre Durdominante haben nur einen gemeinsamen Ausdrucksgehalt, und zwar Trauer bei leiser Dynamik oder Zorn bei lauter Dynamik. Ein Beispiel für Durklänge, die zornig wirken, findet sich etwa im letzten Takt des Musikbeispiels *Knecht Ruprecht* (Seite 24).

---

[1] Vgl. John, E. (2017). Sorry Seems to be the Hardest Word, online unter URL: https://musescore.com/user/22850176/scores/4383856 [21.03.2019].

Ein Beispiel für „trauriges Dur" im Sinne der Strebetendenz-Theorie ist das Klaviervorspiel des Liedes *Die liebe Farbe* (Abbildung 44) von Franz Schubert. Spielen wir die folgenden Takte, fällt auf, dass im zweiten Takt, der Durakkorde enthält, die Duraufhellung ausbleibt. Die Durakkorde wirken so traurig, als ob man in Moll weitergespielt hätte. Sie übernehmen den Ausdrucksgehalt des Moll.

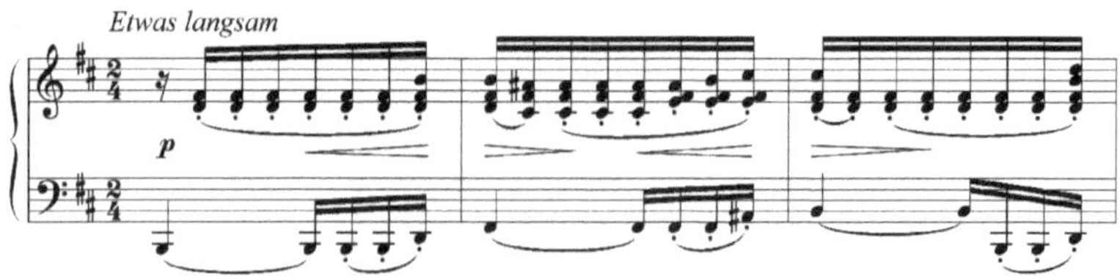

Abbildung 44: Die dominantischen Durakkorde im zweiten Takt des Klaviervorspiels von ‚Die liebe Farbe' aus dem Zyklus ‚Die schöne Müllerin' klingen ebenso traurig wie die Mollharmonien des ersten Taktes, da sie deren emotionale Wirkung übernehmen (vgl. Schubert und Müller 1985, 41).

Um zu zeigen, dass der traurige Charakter der Durakkorde im zweiten Takt tatsächlich aus der dominantischen Beziehung zur Molltonika resultiert, haben wir die gleichen Takte im Folgenden noch einmal zitiert (Abbildung 45), dabei jedoch die Durakkorde durch andere ersetzt, die nicht in dominantischer Beziehung zur Molltonika stehen. Der zweite Takt bringt nun die Aufhellung, die man normalerweise von Dur erwartet.

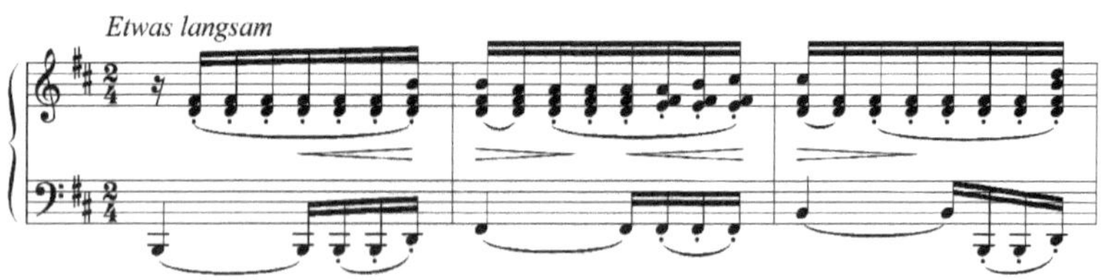

Abbildung 45: Die Durakkorde im zweiten Takt des veränderten Schubert-Beispiels bringen eine spürbare Duraufhellung (vgl. Schubert und Müller 1985, 41).

Auch im folgenden Musikbeispiel, dem Anfang des Choralgesangs *Wo soll ich fliehen hin?* (Abbildung 46) von Johann Sebastian Bach, bringen die Durakkorde im zweiten und im dritten Takt bei den Worten „*ich*" und „*hin*" der Strebetendenz-Theorie entsprechend keine Duraufhellung. Wie im Beispiel *Die liebe Farbe* von Franz Schubert übernimmt die Durdominante auch hier den emotionalen Charakter der Molltonika.

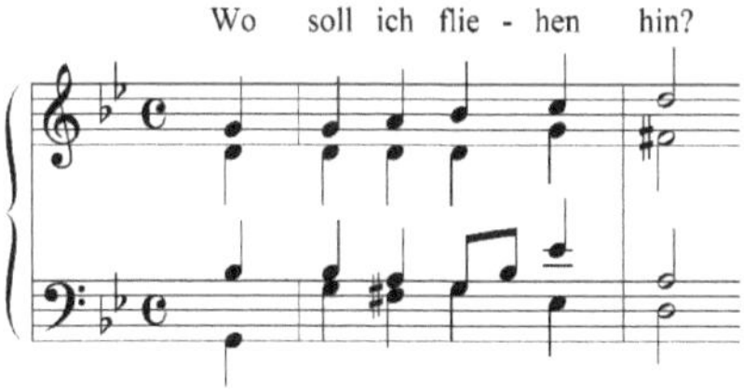

Abbildung 46: Der D-Dur-Klang bei den Worten „ich" und „hin" bringt keine Duraufhellung, sondern wirkt ebenso traurig wie der Mollakkord davor (vgl. Bach, 135).

Im folgenden Beispiel (Abbildung 47) wurde der Choralgesang so verändert, dass die Durakkorde bei den Worten *„ich"* und *„hin"* nicht mehr traurig wirken. Diesmal wurden jedoch nicht die Dominantakkorde selbst verändert wie beim obigen Schubert-Beispiel *Die liebe Farbe,* sondern die Akkorde vor und nach den Dominantakkorden. Die Dominantklänge bei den Worten *„ich"* und *„hin"* sind jetzt also dieselben wie in Abbildung 46. Trotzdem ist ihr emotionaler Charakter jetzt ein ganz anderer.

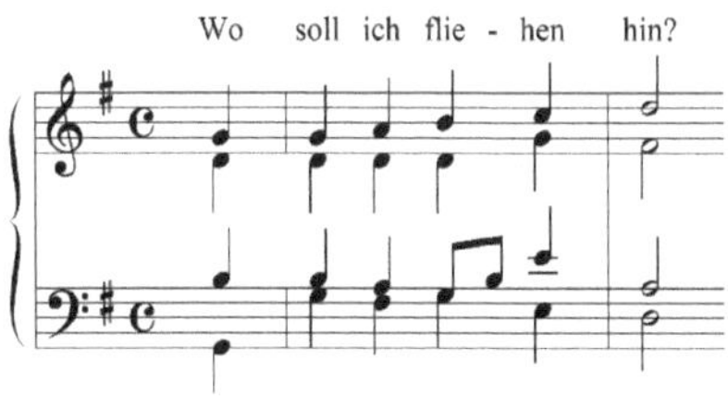

Abbildung 47: Der D-Dur-Klang bei den Worten „ich" und „hin" wirkt jetzt nicht mehr traurig, obwohl es sich um dieselben Töne handelt wie in Musikbeispiel 46 (vgl. Bach, 135).

Beim Song *Angie* (Abbildung 48) von den Rolling Stones lässt sich die Wirkung der Duraufhellung bei verschiedenen Klängen im Sinne der Strebetendenz-Theorie nachvollziehen. Der erste Takt nach der Instrumentaleinleitung steht in a-Moll. Der zweite Takt steht zwar auf E-Dur, dann auf E7, bringt aber noch keine Duraufhellung, da es sich um die Dominante von a-Moll handelt. Erst der dritte Takt (bei den Worten *„when will thouse"*), der erst auf G-Dur, dann auf F-Dur steht, bringt eine deutliche Duraufhellung, weil er nicht in dominantischem Zusammenhang mit der Molltonika steht, sondern erst Dominante, dann Subdominante der Tonikaparallele ist.

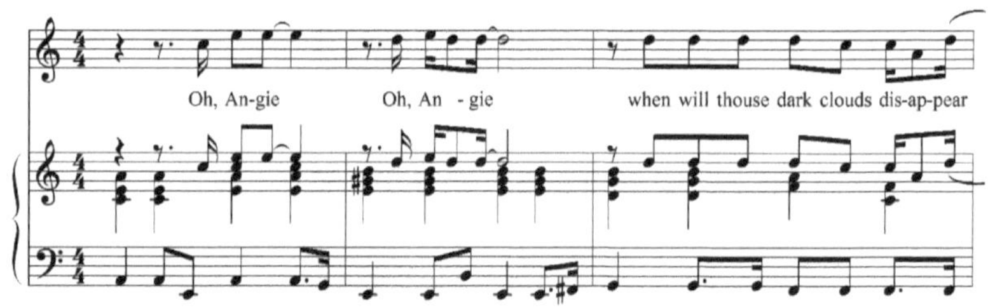

Abbildung 48: Erst der dritte Takt dieses Musikbeispiels bringt eine Duraufhellung, obwohl schon der zweite Takt in Dur steht (Jagger und Richard 1979, 7).

2.8 Der Septakkord wirkt widerspenstig

Fügt man der Dominante eine kleine Septime über dem Grundton hinzu, erhält man einen Dominantseptakkord. In C-Dur ist die Dominante etwa der Dreiklang *g-h-d*^{1}, der Dominantseptakkord der Vierklang *g-h-d*^{1}-*f*^{1}. Der beinhaltet zwei Leittöne, nämlich die Terz *h* und die kleine Septime *f*^{1} (vgl. H. J. Moser 1955, 685).

Ersetzt man beim Dominantseptakkord die Vorstellung „Strebung" gegen die Vorstellung „Identifikation mit einem Willen gegen eine Veränderung", der Strebetendenz-Theorie entsprechend, so ergibt sich Folgendes: Da der Klang zwei Leittöne hat, identifiziert sich der Hörer mit einem Willen gegen eine Veränderung auf zweifache Weise. Dieser doppelte Willensinhalt bestimmt den Klangcharakter des Dominantseptakkordes. Der findet als Ausdruck des Widerstands, des „Bremsens" Verwendung. Die Bremswirkung wird vom Hörer dann als sinnvoll angenommen, wenn die Dominante ohne Septime zuvor die Vorstellung von Bewegung erzeugt hat. Durch das Hinzufügen der kleinen Septime mit ihrer Bremswirkung kann der Charakter einer fließenden Bewegung der Dominante in den Charakter einer Schrittbewegung verwandelt werden, bei der jeder Schritt mit einem kurzen Stillstand eines Fußes verbunden ist. Der Harmoniewechsel Tonika-Dominantseptakkord findet daher reiche Verwendung in Wanderliedern.

2.8.1 Weich, wehleidig und weinerlich: Die frei eingeführte kleine Septime

Wird in Dur die kleine Septime eines Dominantseptakkords in der Melodiestimme frei eingeführt, waren Septime und Dominante im vorausgehenden Klang also nicht enthalten, erscheint der Eindruck des Widerstands- oder Bremseffekts des Dominantseptakkords für den Hörer bisweilen unverständlich, und er empfindet den Charakter dieses Klangs als weich, wehleidig oder weinerlich. Man kann sich dann vorstellen, jemand drücke bereits ängstlich aufs Bremspedal, bevor die Fahrt überhaupt begonnen hat. Auf den weichen Charakter der kleinen Septime wurde schon mehrfach hingewiesen (vgl. Fink 2010, 216). Ein typisches Beispiel ist das von Friedrich Silcher übernommene Volkslied *Muss i denn zum Städtele naus* (Abbildung 49). Bei der durch Sekundschritt eintretenden Septime, wenn das Wort *„denn"* zum zweiten

Mal erscheint, kann man sich einen wehleidigen Menschen vorstellen, der bereits vor der Abreise Heimweh hat.

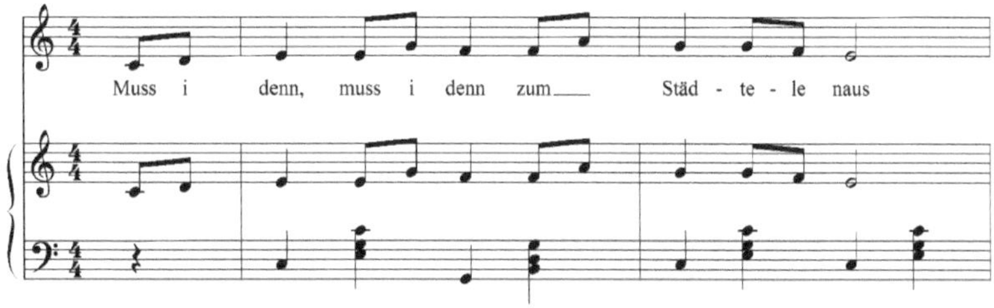

Abbildung 49: Im Volkslied ‚Muss i denn zum Städtele naus` wirkt die Septime f^1 der Dominante im ersten Takt auf dem dritten Viertel beim zweiten „denn" wehleidig und weinerlich.[1]

2.8.2 Als die Jugend revoltierte, war der Septakkord der große Renner

Ganz andere Verwendung fand der Septakkord in der Rock- und Popmusik im Zuge der Jugendrevolte von Hippie- und 68er-Bewegung.[2] Der Klang erscheint hier nicht nur als Dominante, sondern auch als Tonika und Subdominante. Septakkorde auf den Hauptfunktionen, wie sie etwa im Blues-Schema des Rock'n Roll üblich sind, lassen sich als Ausdruck des Widerstands gegen das Establishment interpretieren. Dieser Widerstand richtet sich hier gegen die sittlichen Maßstäbe und Werte der älteren Generation.

Für die einschlagende Wirkung der einstigen Bürgerschreckhymne *(I Can't Get No) Satisfaction* (Abbildung 50) von den Rolling Stones sind der Strebetendenz-Theorie entsprechend neben dem Text vor allem die Septimen *des*[2] und *ges*[1] im Tonika- bzw. Subdominantklang ausschlaggebend.

---

[1] Vgl. Silcher, F., & Wagner, H. (2008). Muß i denn zum Städtele naus, online unter URL: http://www.notendownload.com/8/dpshop/ Mu%C3%9F%20%20i%20denn%20%20Akkordeon%20%20Traditional 401-02.sco .html [21.03.2019].

[2] Vgl. Bau, Walter: Jugendrevolte und freie Liebe: So wurde 1968 zum Mythos, in Berliner Morgenpost vom 05.01.2918, online unter URL: https://www.morgenpost.de/politik/article213021899/Jugendrevolte-und-freie-Liebe-So-wurde-1968-zum-Mythos.html [07.04.1919].

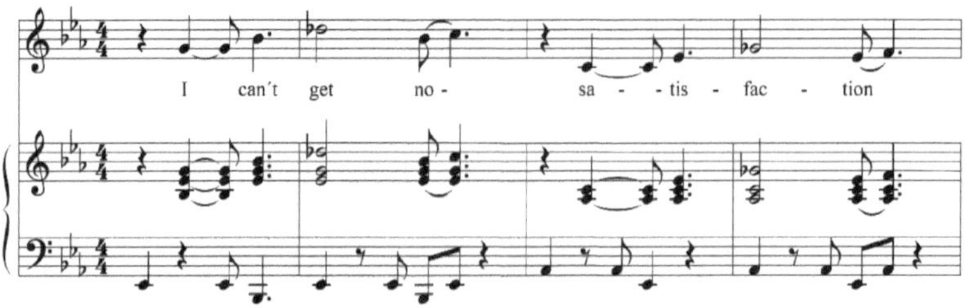

Abbildung 50: *Die einstige Bürgerschreckwirkung des Rolling-Stones-Songs ‚(I Can't Get No) Satisfaction' ist musikalisch auf die beiden Septimen des² und ges¹ zurückzuführen* (Jagger und Richard 1979, 42).

Ersetzt man die Septimen *des²* und *ges¹* bei den Silben *„get"* und *„fac"* durch die einen Ganzton höheren Töne *es²* bzw. *as¹*, ist die Melodie ihres revoltierenden Charakters beraubt. Dies ist im folgenden Musikbeispiel (Abbildung 51) geschehen. Dadurch ist die Wirkung der Passage eine andere.

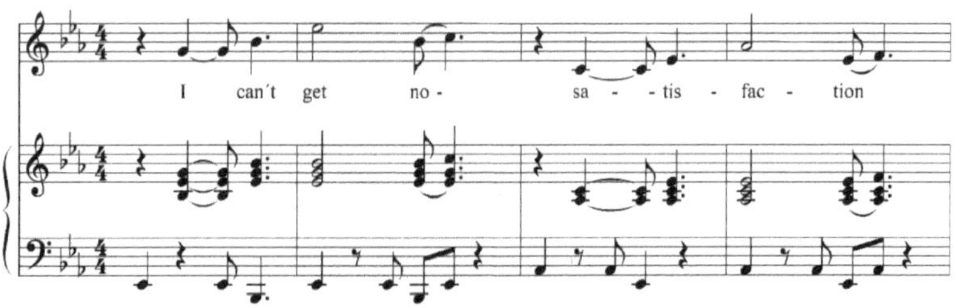

Abbildung 51: Wenn statt der beiden Septimen aus Abbildung 50 die Töne es² bzw. as¹ klingen, verliert die Passage des Songs ‚(I Can't Get No) Satisfaction' den aufmüpfigen Charakter (Jagger und Richard 1979, 42).

Auch der Song *Let's Spend The Night Together* (Abbildung 52) von den Rolling Stones hatte in der Zeit seiner Entstehung Bürgerschreckcharakter. Was der Text mit Worten erreichte, schaffte die Musik durch den Einsatz der kleinen Septime. Der Song beginnt auf der Dominante, die als Anfangsakkord jedoch zunächst als Tonika empfunden wird. Dadurch erscheint die Passage mit der hinzugefügten Septime (im Musikbeispiel unten etwa auf den Worten *„Let's spend"* und *„Now I need"*) gemeinsam mit dem unterlegten Text als Ausdruck des Widerstands gegen die sittlichen Vorstellungen des Establishments.

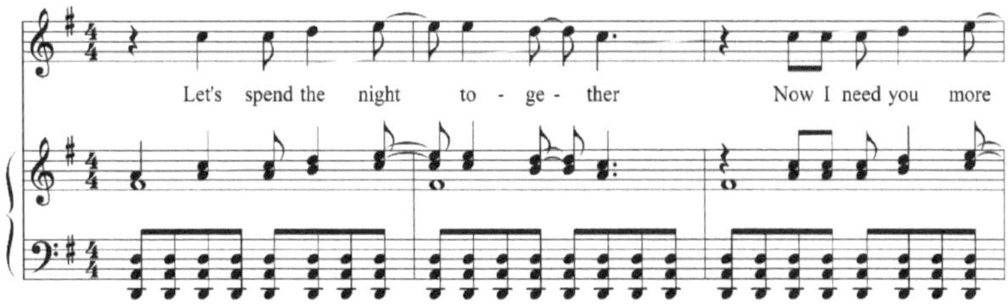

Abbildung 52: Mit dem Song ‚Let's Spend the Night Together' schockierten die Rolling Stones die ältere Generation (Jagger und Richard 1979, 27).

Auf ähnliche Weise lässt sich der revoltierende Charakter des Songs *Why Don't We Do It in the Road* von den Beatles erklären. Nicht nur auf der Dominante, sondern auch auf der Tonika und der Subdominante klingt hier die kleine Septime mit.

Von der „widerspenstigen" Wirkung des Septakkords wurde jedoch schon zuvor im Jazz und vereinzelt im Impressionismus Gebrauch gemacht. So beschreibt Paul-André Bempéchat (2009, 373) in einer Analyse der *Fontaines* von Jean Cras den Septakkord mit den Worten *„obstinate seventh chord".* Diesen „obstinaten" Akkord reizte auch bereits Maurice Ravel im *Boléro* reichlich aus.

2.9 Schrecken und Verzweiflung beim verminderten Septakkord

Setzt man drei kleine Terzen übereinander, erhält man beispielsweise den verminderten Septakkord *c-es-fis-a*. Ganz gleich, ob man den verminderten Septakkord als Septnonakkord ohne Grundton, als Vorhaltsakkord oder als Mischung von Dominante und Mollsubdominante deutet, enthält er mindestens drei Leittöne (vgl. H. J. Moser, Musik Lexikon 1955, 685), was der allgemeinen musiktheoretischen Auffassung entspricht. Beschreibt man diese Leittöne der Strebetendenz-Theorie entsprechend, so ergibt sich folgendes Resultat: Beim verminderten Septakkord identifizieren wir uns auf mehrfache Weise mit einem Willen gegen eine Veränderung. Das erzeugt eine Vorstellung, die an ein panisches Sich-mit-Händen-und-Füßen-Wehren erinnert.

Klingt der verminderte Septakkord laut, dann kann er eine Stimmung von Verzweiflung, Schrecken oder Panik zum Ausdruck bringen. In leiser Dynamik kann der Akkord der Strebetendenz-Theorie gemäß eher die Wirkung eines energetisch schwächeren Gefühlsausdrucks, etwa eines schwermütigen Grübelns, annehmen (vgl. S. 68ff). Auch ist die Wirkung des verminderten Septakkords deutlich abgemildert, wenn er mit der Auflösungserwartung in eine Durtonika verbunden ist. Dann nämlich verbindet der Hörer die „drohende" Veränderung, gegen die sich die Willensinhalte richten, mit denen er sich beim verminderten Septakkord identifiziert, der Strebetendenz-Theorie entsprechend mit etwas prinzipiell Gewolltem. Der „Schrecken", den der verminderte Septakkord ausdrücken kann, ist dann reduziert zu einem weniger gravierenden „Erschrecken". Diese Unterscheidung lässt sich beispielsweise bei der Verwendung des verminderten Septakkordes in den Liedern Franz Schuberts beobachten (siehe S. 54).

Der Autor und Filmkomponist Reinhard Kungel sagt: „*Der aus drei kleinen Terzen aufgebaute verminderte Septakkord wird in der Filmmusik gerne zur Spannungserzeugung und als Ausdruck des Erschauderns und Erschreckens genutzt*" (Kungel 2008, 77).

In seiner *Harmonielehre* sagt Arnold Schönberg (Vgl. 1922, 288) über den verminderten Septakkord:

> „*...er* [der verminderte Septakkord, d. Verf.] *war der ‚ausdrucksvolle' Akkord dieser Zeit. Wo es sich um den Ausdruck des Schmerzes, der Erregung, des Zornes oder sonst eines heftigen Gefühles handelt, dort findet man fast ausschließlich ihn. So ist es bei Bach, Haydn, Mozart, Beethoven, Weber usw. Noch in Wagners ersten Werken spielt er diese Rolle.*"

Die Musik in Geschichte und Gegenwart (Kühn 2003, 363) formuliert es ähnlich: „*Wo bei Bach von Kreuz, Sünde, Welt, Plage, Tod gesprochen wird, hat bevorzugt dieser Akkord* [der verminderte Septakkord, d. Verf.] *seinen Platz; er ist expressives Mittel der Rhetorik*".

Auch bei unseren Tests bestätigte sich diese Wirkung des verminderten Septakkords. Beim Basis-Test, Teil A (siehe S. 115), wurde das folgende Musikbeispiel (Abbildung 53), das auf dem verminderten Septakkord basiert, von 87 % der Probanden aus fünf klanglichen Optionen als passend zum Begriff „Verzweiflung" ausgewählt.

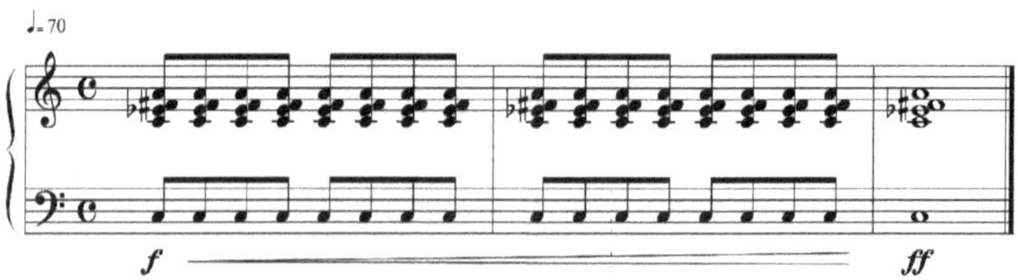

Abbildung 53: Dieses Musikbeispiel mit verminderten Septakkorden über dem Ton c ordneten 87 % der Probanden dem Begriff ‚Verzweiflung' zu (BW).

Auch die Probanden beim Rocky-Test (siehe S. 112) erkannten diese Wirkung und wählten das folgende Musikbeispiel (Abbildung 54) zu 88 % im Gegensatz zum zweiten Musikbeispiel (Abbildung 55) als passend zu einer Schreckensszene aus (siehe S. 113f).

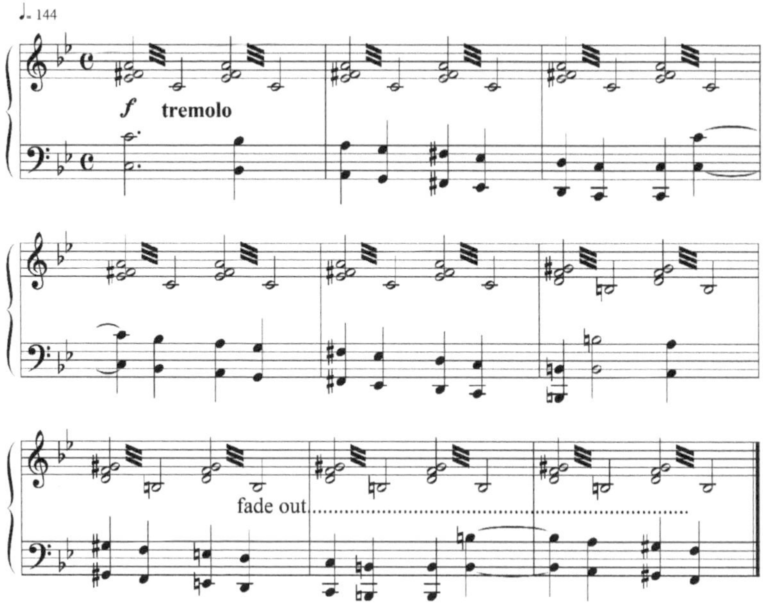

Abbildung 54: Dieses Musikbeispiel wurde mehrheitlich als zu einer Schreckensszene passend ausgewählt (BW).

Vermutlich ist die triumphierende Wirkung der Tonika- und Subdominantklänge im folgenden Musikbeispiel (Abbildung 55) zu deutlich, als dass man damit die Stimmung von Verzweiflung assoziieren würde. Obwohl dieses Beispiel in Faktur, Tempo und Lautstärke dem oberen, überwiegend ausgewählten, sehr ähnlich ist, entschieden sich nur 12% der Probanden dafür.

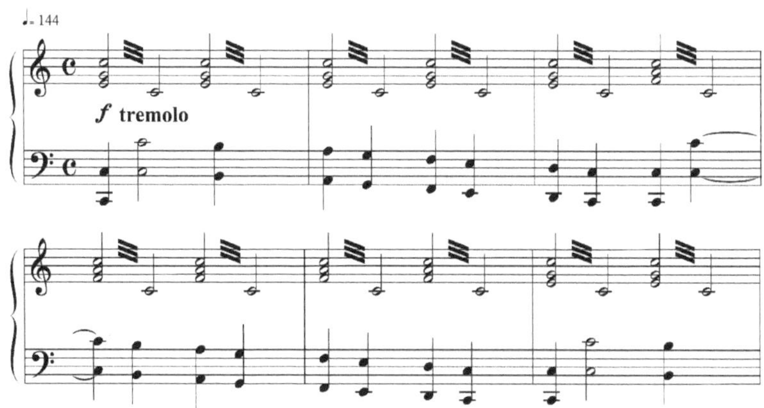

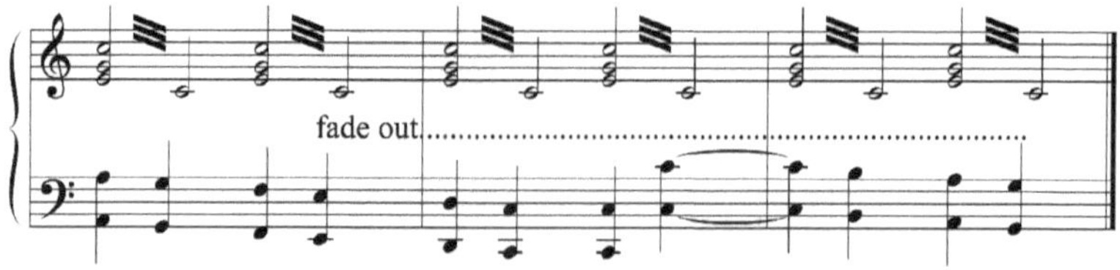

Abbildung 55: Dieses Musikbeispiel wurde nur zu 12 % als zu einer Schreckensszene passend ausgewählt (BW).

2.9.1 Der verminderte Septakkord bei Franz Schubert

Franz Schubert verwendete den verminderten Septakkord im Prinzip auf zwei Arten, und zwar ziemlich genau im Sinne der theoretischen Herleitung durch die Strebetendenz-Theorie (siehe S. 51): Als Ausdruck von Verzweiflung, wenn die Auflösungserwartung eine Molltonika ist, und als Ausdruck eines weniger gravierenden Schreckens, eines Erschreckens, wenn die Auflösungserwartung eine Durtonika ist. Im Folgenden werden verschiede Passagen aus Schuberts Liederzyklen *Die schöne Müllerin* und *Winterreise* sowie aus dem *Schwanengesang* angeführt, anhand derer diese unterschiedlichen Verwendungen gezeigt werden.

Der verminderte Septakkord in Takt 12 des Liedes *Wohin* (Abbildung 56) steht bei den Worten *„ich weiß nicht, wie mir wurde"*. Der Klang bringt hier einen kurzen Moment des Erschreckens zum Ausdruck.

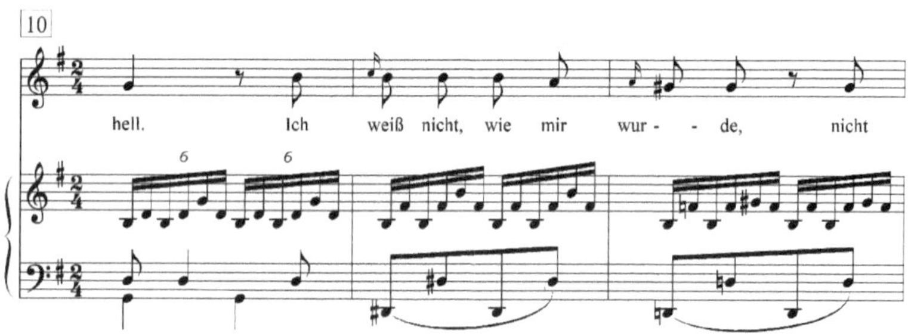

Abbildung 56: Mit dem verminderten Septakkord in Takt 12 des Liedes ‚Wohin' verweist Franz Schubert auf einen Moment des Erschreckens (vgl. Schubert und Müller 1985, 6).

Im Lied *Der Neugierige* (Abbildung 57) aus dem Zyklus *Die schöne Müllerin* von Franz Schubert erscheint der verminderte Septakkord im zweiten Takt des Klaviervorspiels. Der Klang ist als Doppeldominante mit der Auflösungserwartung zur Durtonika verbunden. Hier kann das Erschrecken auch im Sinne eines „angenehmen Erschreckens", im Sinne einer Art von Entzücken, verstanden werden.

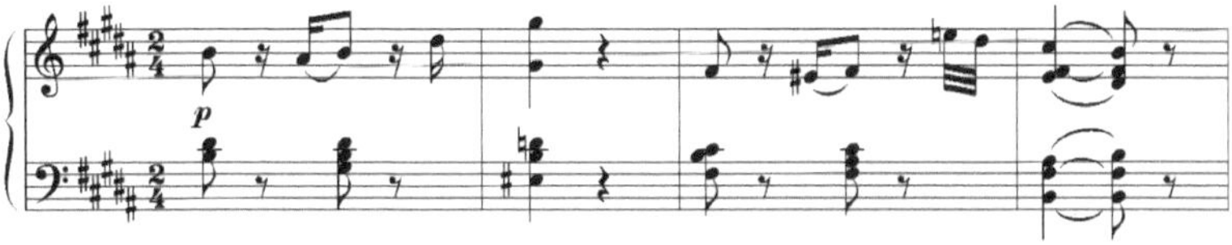

Abbildung 57: Der verminderte Septakkord im zweiten Takt hat die Wirkung eines „angenehmen Erschreckens" (vgl. Schubert und Müller 1985, 18).

In Takt 10 desselben Liedes (Abbildung 58) kommentiert der verminderte Septakkord auf dem Wort *„sagen"* den Kummer des Müllers darüber, dass ihm niemand sagen kann, ob die Müllerin ihn liebt.

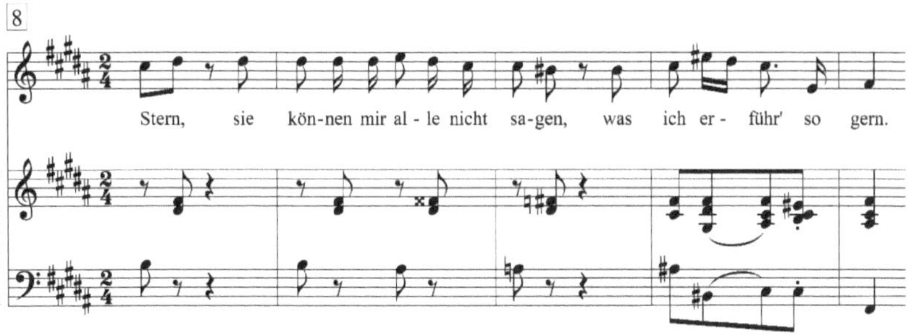

Abbildung 58: Mit dem verminderten Septakkord in Takt 10 verweist Franz Schubert auf die Ausweglosigkeit bei der Suche nach einer Antwort (vgl. Schubert und Müller 1985, 18).

Ebenfalls mit dem verminderten Septakkord auf der dritten Zählzeit in Takt 28 (Abbildung 59) betont Franz Schubert das Wort *„ein"*. Dieses Wort verdeutlicht das dringliche Bitten des Wanderers, der darauf hinweist, dass er doch nur ein einziges Wörtchen und nicht mehrere hören will.

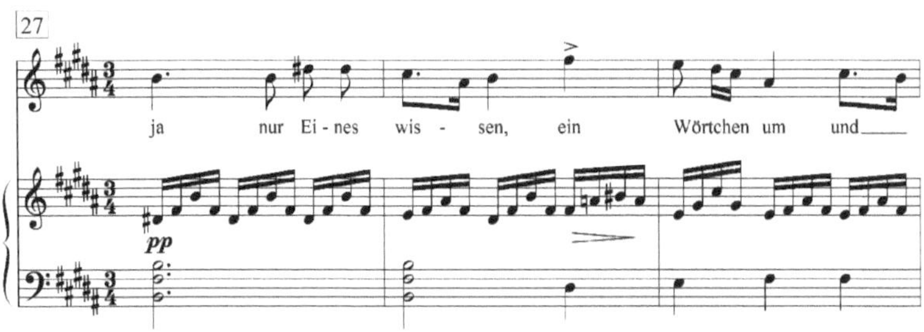

Abbildung 59: Schubert weist durch den verminderten Septakkord über dem Wort „ein" auf die Dringlichkeit der Frage hin (vgl. Schubert und Müller 1985, 18).

Durch die wiederholte Bitte des Müllers um eine Antwort (Abbildung 60) steigert sich die Vorstellung von der Intensität seiner Gefühlslage. Franz Schubert entspricht dieser Steigerung durch die Verwendung des verminderten Septakkords in Takt 48.

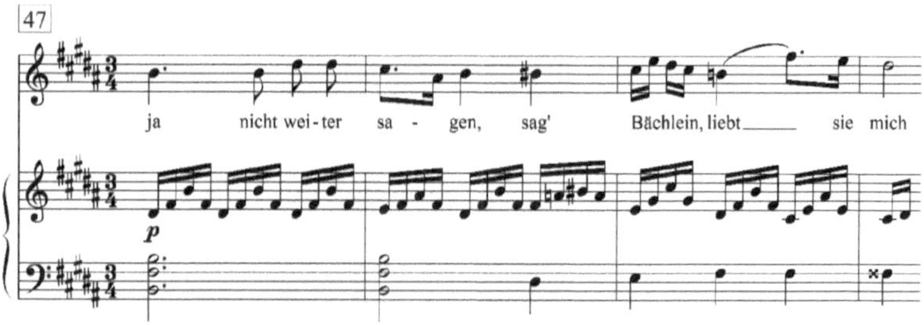

Abbildung 60: Der verminderte Septakkord auf der dritten Zählzeit von Takt 48 betont die angespannte Gefühlslage des Müllers (vgl. Schubert und Müller 1985, 19).

Im Lied *Morgengruß* (Abbildung 61) wundert sich der Müller, dass die Müllerin auf seinen Gruß nicht antwortet. Im Text heißt es: *„Wo steckst du gleich das Köpfchen hin, als wär' dir was geschehen?"* Der verminderte Septakkord steht auf dem Wort „*wär'*" in Takt 9. Der Klang fällt hier textlich mit dem Moment zusammen, in dem sich in die Gedankenfolge des Müllers ein kurzer Schreckensmoment bei Erwägung eines möglichen Unglücks der Müllerin einschleicht.

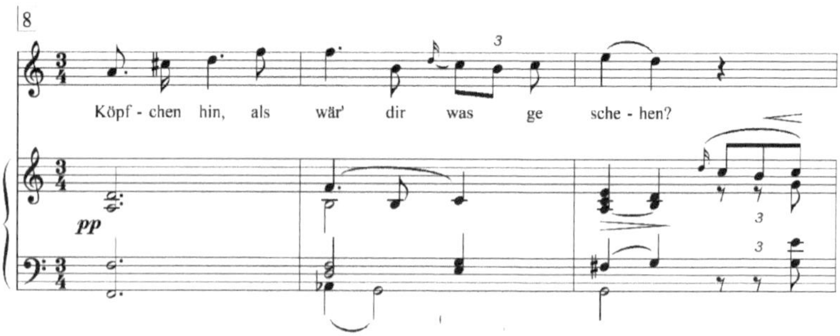

Abbildung 61: Der verminderte Septakkord in Takt 9 weist auf ein kurzes Erschrecken des Müllers hin (vgl. Schubert und Müller 1985, 22).

Das Lied *Mein* (Abbildung 62) beschreibt den Zeitpunkt, zu dem der Müller sich einredet, das Herz der Müllerin endgültig erobert zu haben. Der verminderte Septakkord auf dem dritten Viertel in Takt 92 mischt dem Ausruf *„mein"* eine für manchen Hörer unerwartete Färbung von Unsicherheit bei, die die Selbstsicherheit des Müllers für einen kurzen Moment zu untergraben scheint.

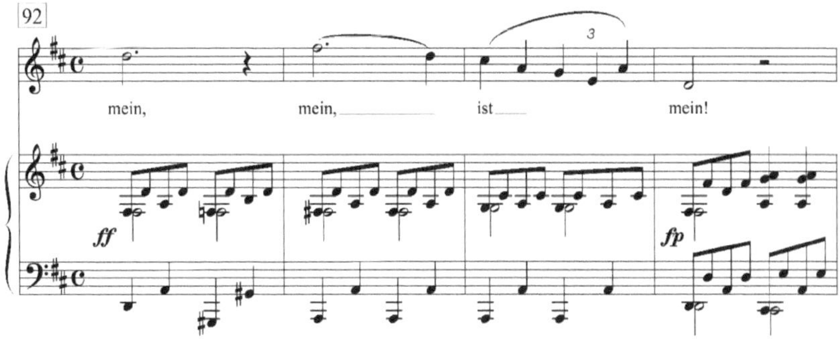

Abbildung 62: Der verminderte Septakkord in Takt 92 mischt dem triumphierenden Ausruf „mein" ein Gefühl von Unsicherheit bei (vgl. Schubert und Müller 1985, 31).

Im Zyklus *Winterreise* von Franz Schubert kommt dem verminderten Septakkord als Ausdruck von Verzweiflung eine besondere Rolle zu. In Takt 34 des Liedes *Gefrorne Tränen* (Abbildung 63) erscheint der verminderte Septakkord bei den Worten *„als wolltet ihr zerschmelzen des ganzen Winters Eis"*. Die Kraft der heißen Tränen, die das Eis schmelzen, symbolisiert die Intensität des inneren Schmerzes.

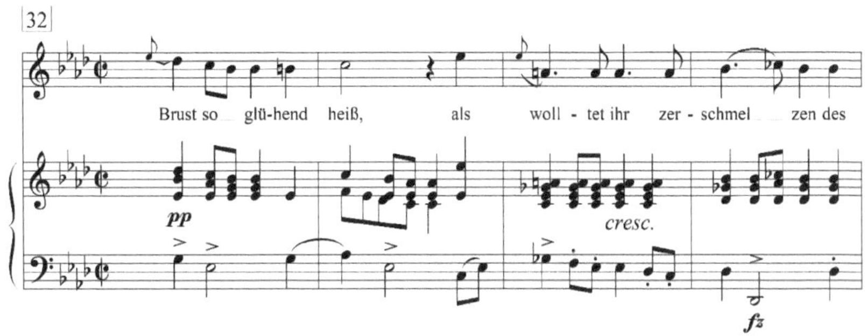

Abbildung 63: Das Bild der heißen Tränen, die bis zur Erde dringen, symbolisiert den inneren Schmerz des Wanderers. Franz Schubert unterstreicht dies durch die Verwendung des verminderten Septakkordes in Takt 34 (vgl. Schubert und Müller 1985, 61).

Die Wiederholung der Textpassage *„des ganzen Winters Eis"* in Takt 39 desselben Liedes (Abbildung 64) betont ein weiteres Mal die Intensität des inneren Schmerzes des Wanderers. Schubert bestätigt diesen Ausdruck durch das Sforzato auf dem verminderten Septakkord.

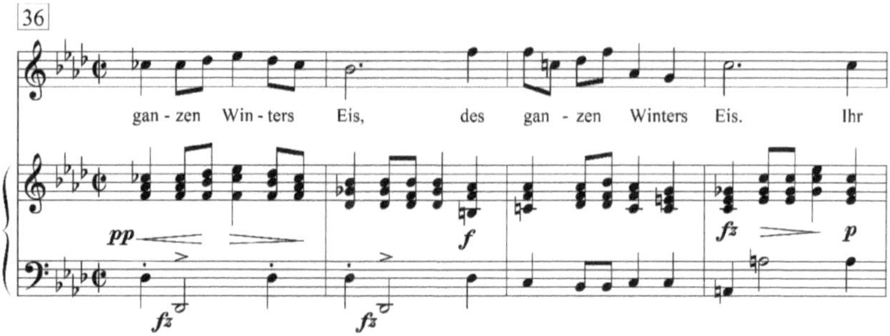

Abbildung 64: Der verminderte Septakkord in Takt 39 bringt die Intensität des Schmerzes verstärkt zum Ausdruck (vgl. Schubert und Müller 1985, 61).

Auch im Lied *Erstarrung* (Abbildung 65) betont der verminderte Septakkord die Verzweiflung des Wanderers. So in Takt 34 bei der Textzeile *„Ich will den Boden küssen, durchdringen Eis und Schnee mit meinen heißen Tränen, bis ich die Erde seh'"* auf dem Wort *„seh'"*. Dieses Bild bringt die Todessehnsucht des Wanderers zum Ausdruck.

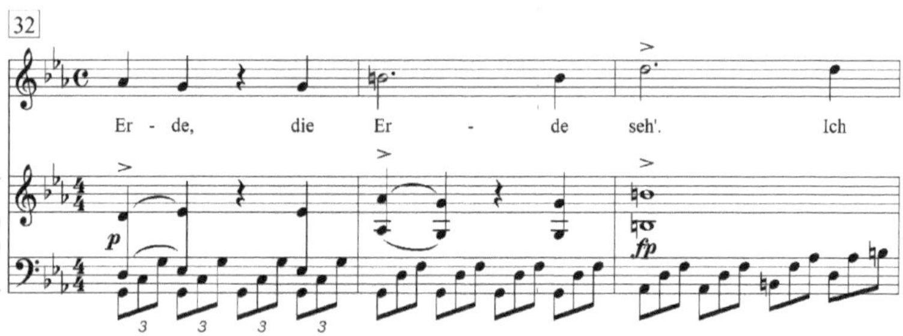

Abbildung 65: Der Wunsch des Wanderers, den Boden zu küssen, versinnbildlicht seine Todessehnsucht. Franz Schubert zeichnet diese Textstelle durch die Verwendung des verminderten Septakkordes in Takt 34 nach (vgl. Schubert und Müller 1985, 63).

In den Takten 52 und 53 desselben Liedes (Abbildung 66) symbolisieren die erstorbenen Blumen und das bleiche Gras die Todesgedanken des Wanderers. Auch hier verwendet Schubert den verminderten Septakkord, um die Verzweiflung des Wanderers auszudrücken.

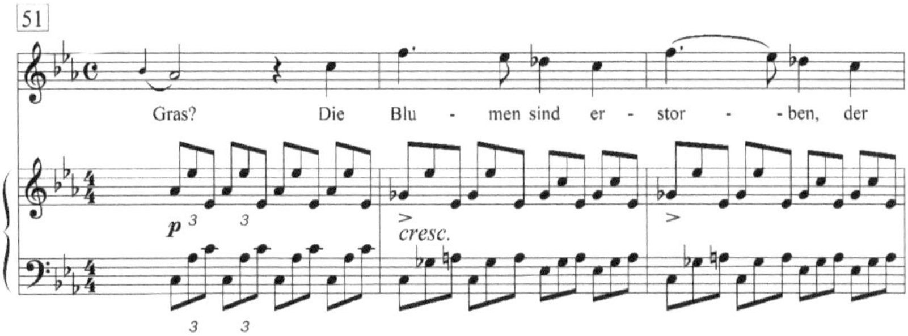

Abbildung 66: Schubert vertont die Textstelle „Die Blumen sind erstorben" mit dem verminderten Septakkord ab Takt 52 (vgl. Schubert und Müller 1985, 64).

Im Lied *Wasserflut* (Abbildung 67) findet sich eine besonders ausdrucksstarke Version des verminderten Septakkords. In Takt 12 klingt auf dem Wort *„Weh"* für einen Moment der Ton e^2 in der Gesangstimme über der Zwischendominante E7, bevor auf dem zweiten Taktviertel der verminderte Septakkord erscheint. Auf diese Weise wird aus dem verminderten Septakkord für die Zeit eines Achtels ein dissonanter Fünfklang, bis sich die Dissonanz in der Gesangsstimme nach oben zum f^2 bewegt, was unserem Empfinden nach aber nicht einer Auflösung, sondern vielmehr einer „Überdehnung" der Dissonanz e^2 gleichkommt. Arnold Feil (1975, 114) beschreibt diese Passage folgendermaßen:

> *„Einerseits geht die Bewegung so langsam und schleppend, daß [!] sich der Eindruck völliger Ermattung, ja der Apathie vordrängt, andererseits ist der musikalische Aufschrei zum ‚Weh' des Textes so heftig, daß [!] man erschreckt und getroffen ist: in keinem der Lieder bisher findet sich auch nur etwas Ähnliches."*

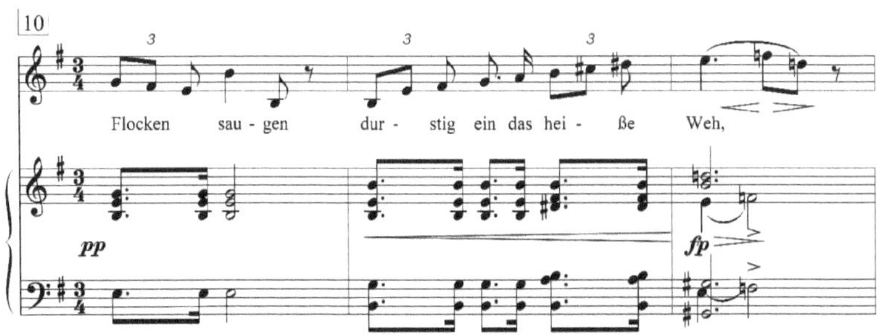

Abbildung 67: Die scharfe Dissonanz auf dem Wort „Weh" drückt eine intensive Schmerzempfindung aus (vgl. Schubert und Müller 1985, 71).

In Takt 53 desselben Liedes bringt der verminderte Septakkord (Abbildung 68) beim Wort *„Liebsten"* zum Ausdruck, wie schmerzlich es für den Wanderer ist, dieses Wort auszusprechen.

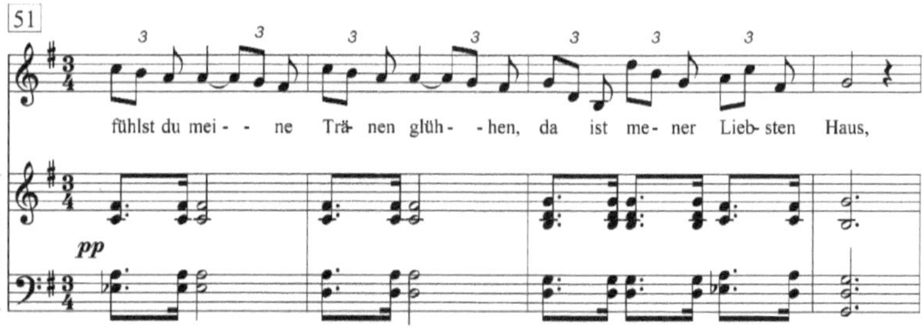

Abbildung 68: Der verminderte Septakkord auf dem Wort „Liebsten" unterstreicht die schmerzlichen Gefühle, die der Wanderer bei diesem Wort empfinden mag (vgl. Schubert und Müller 1985, 73).

Der verminderte Septakkord in der zweiten Hälfte von Takt 21 im Lied *Rast* (Abbildung 69) bei den Worten *„der Rücken fühlte keine Last"* verweist auf die innere Last und den Schmerz des Wanderers.

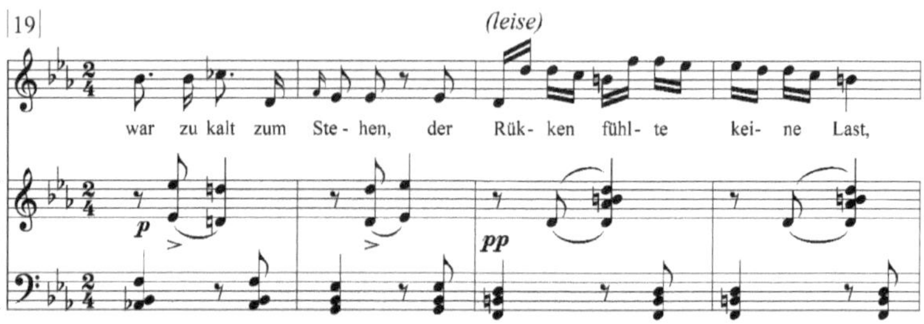

Abbildung 69: Der verminderte Septakkord in der zweiten Hälfte von Takt 21 symbolisiert die Schwere der inneren Last des Wanderers im Kontrast zur geringen körperlichen Last (vgl. Schubert und Müller 1985, 84).

Im Lied *Der greise Kopf* bemerkt der Wanderer, dass sich seine Haare weiß verfärbt haben. Da er zunächst nicht erkennt, dass es sich dabei um Reif handelt, glaubt er, er sei ein Greis geworden. Darüber freut er sich, weil er meint, der *„Bahre"*, nach der er sich sehnt, näher gekommen zu sein. Das Klaviervorspiel (Abbildung 70) und die weiteren Takte des Liedes verharren auf dem Orgelpunkt *c*, der auch die Wirkung der verminderten Septakkorde in den folgenden Takten beeinflusst. Diese Akkorde scheinen die Verzweiflung des Wanderers in sich zu tragen, wirken jedoch kraftlos. Franz Schubert zeichnet so das Bild eines traurigen, schwachen und in den Gliedern versteiften Greises nach, der sich nach dem Tod sehnt.

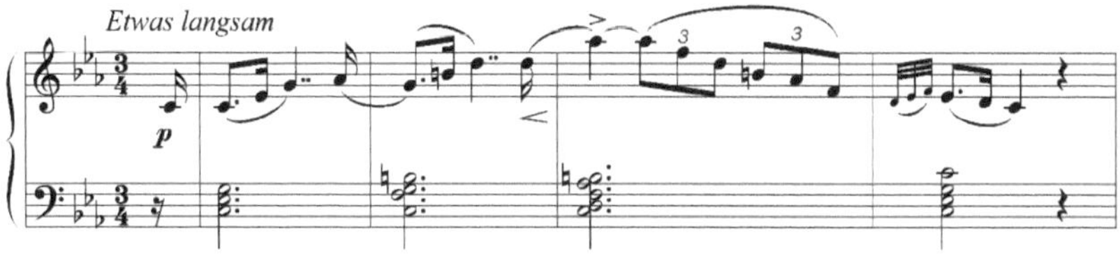

Abbildung 70: Der verminderte Septakkord in Takt 3 des Klaviervorspiels steht auf dem Orgelpunkt und scheint in seinem Ausdruck erstarrt (vgl. Schubert und Müller 1985, 96).

Ein weiteres Beispiel für den Ausdrucksgehalt des verminderten Septakkords findet sich im Lied *Die Krähe* (Abbildung 71). Der Wanderer beobachtet eine Krähe, die ihm folgt. Er schließt daraus, dass die Krähe auf seinen Tod wartet, um ihn als Beute fassen zu können. Franz Schubert setzt den verminderten Septakkord in Takt 33 beim Wort *„Grabe"* ein, wenn sich der verzweifelte Wanderer seiner bedauernswerten Situation bewusst wird.

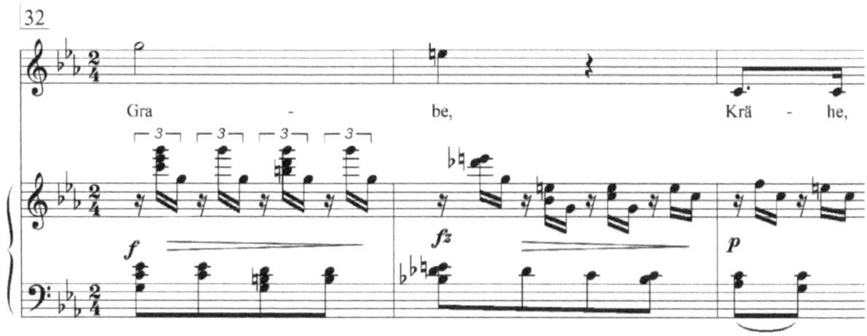

Abbildung 71: Wie diese Passage zeigt, kann der verminderte Septakkord ein Gefühl von Verzweiflung vermitteln (vgl. Schubert und Müller 1985, 99).

Die betreffenden Takte haben wir im folgenden Musikbeispiel (Abbildung 72) noch einmal zitiert, jedoch diesmal den verminderten Septakkord in Takt 33 durch einen anderen dominantischen Klang ersetzt. Die Passage bei der Textstelle *„Grabe"* hat nun den Ausdruck des Schreckens verloren.

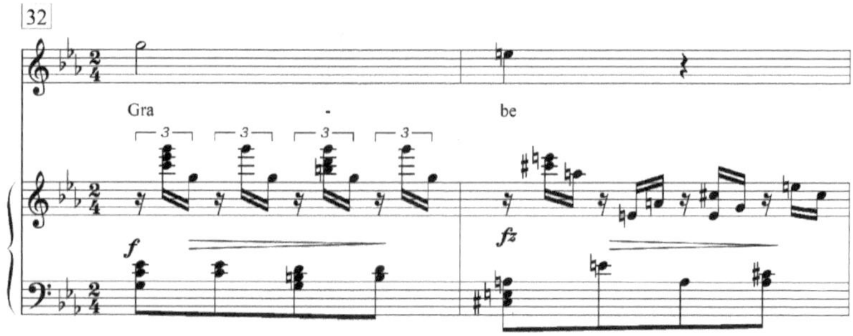

Abbildung 72: Da hier der verminderte Septakkord durch einen anderen Klang ersetzt wurde, haben diese Takte nun eine ganz andere Wirkung (vgl. Schubert und Müller 1985, 99).

Das Lied *Letzte Hoffnung* (Abbildung 73) schildert den müden Wanderer, dessen Hoffnung durch ein noch am Ast baumelndes Blatt symbolisiert wird. Die Achtelnoten des Klaviervorspiels scheinen das Fallen der Blätter nachzuzeichnen. Doch erst der verminderte Septakkord, auf dem die Achtel stehen, bringt der Strebetendenz-Theorie entsprechend die Trostlosigkeit zum Ausdruck, mit der das Fallen der Blätter beobachtet wird. Arnold Feil (1975, 131) sagt hierzu:

> *„Das heißt, zu den beiden textlich eine Einheit bildenden und sprachlich im ‚Ton' übereinstimmenden Textzeilen bildet Schubert eine musikalische Struktur, die die schärfsten Gegensätze birgt und den Hörer Erfahrungen machen lässt, die über die ‚musikalische Zeichnung' lose an Zweigen baumelnder dürrer Blätter weit hinausreichen."*

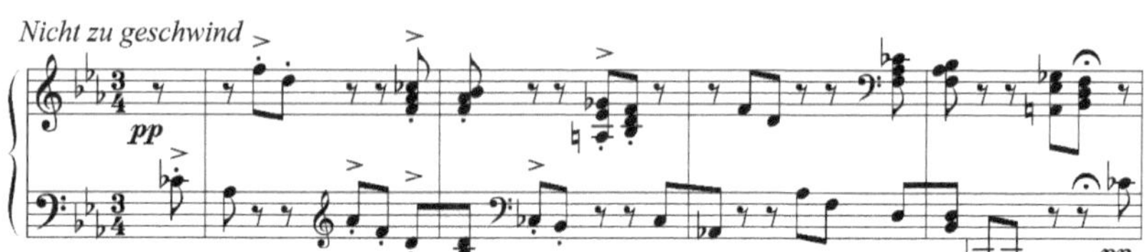

Abbildung 73: *Der verminderte Septakkord, auf dem die tröpfelnden Achtelbewegungen im Vorspiel des Liedes ‚Letzte Hoffnung' stehen, zeichnet die trostlose Stimmung nach (vgl. Schubert und Müller 1985, 100).*

Gleichsam wie ein Peitschenschlag wirkt der verminderte Septakkord auf der dritten Zählzeit im zweiten Takt des Vorspiels im Lied *Der stürmische Morgen* (Abbildung 74). Arnold Feil (1975, 133) erwähnt in diesem Zusammenhang das *„zupackende Vorspiel"*.

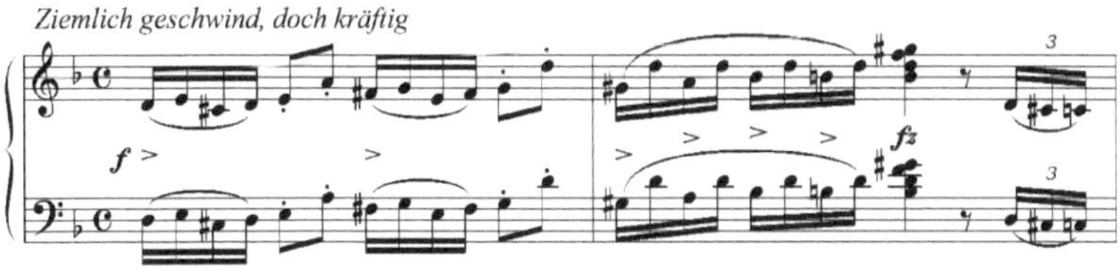

Abbildung 74: Das Sforzato im zweiten Takt steht auf dem verminderten Septakkord (vgl. Schubert und Müller 1985, 106).

Der verminderte Septakkord über den repetierten Sechzehnteln in Takt 16 desselben Liedes (Abbildung 75) zeichnet im Sinne der Strebetendenz-Theorie die zerrissenen Wolken am Himmel und gleichzeitig das verzweifelte Seelenbild des Wanderers nach. Im Text heißt es: *„Mein Herz sieht an dem Himmel gemalt sein eignes Bild"*. Die Klangmalerei dieser Passage zeigt sich hier im doppelten Sinn: Der Rhythmus bildet die Natur ab, die harmonische Struktur die Stimmung.

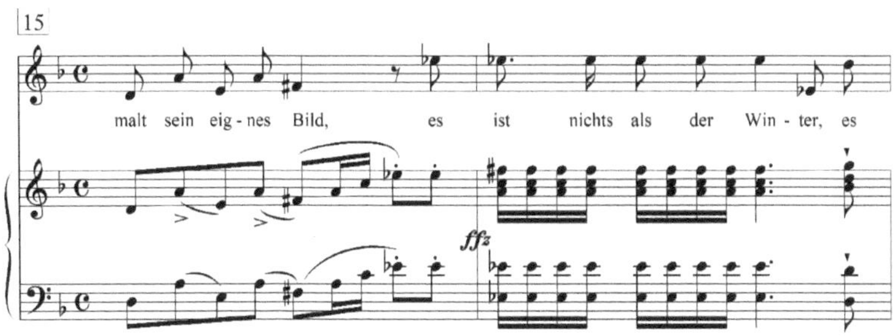

Abbildung 75: Der verminderte Septakkord zeichnet die zerrissenen Wolken und die Verzweiflung des Wanderers nach (vgl. Schubert und Müller 1985, 107).

Beim Anblick eines Wegweisers im Lied *Der Wegweiser* (Abbildung 76) erschaudert der Wanderer, da der Weg zum Totenacker führt. Franz Schubert kommentiert das Entsetzen dreimal mit dem verminderten Septakkord: in den Takten 57, 60 und 62. *„Einen Weiser seh' ich stehen unverrückt vor meinem Blick; eine Straße muss ich gehen, die noch keiner ging zurück"* lautet der Text.

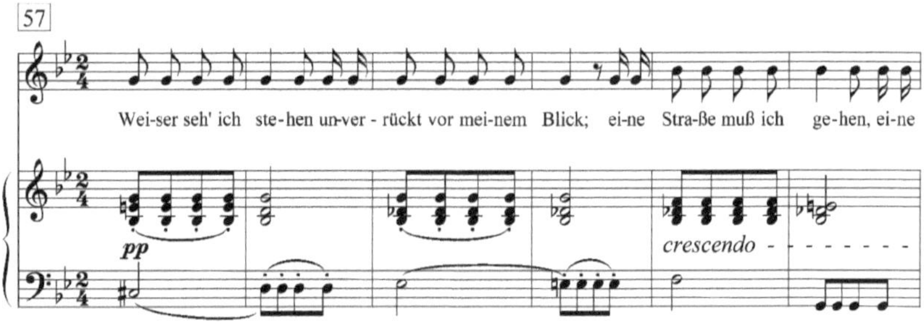

Abbildung 76: Die verminderten Septakkorde in den Takten 57, 60 und 62 verdeutlichen das Entsetzen des Wanderers beim Anblick des Wegweisers (vgl. Schubert und Müller 1985, 112).

Im Lied *Der Atlas* aus dem *Schwanengesang* (Abbildung 77) heißt es: *„...die ganze Welt der Schmerzen muss ich tragen"*. Die Klage des Atlas über sein unendliches Elend harmonisiert Schubert in Takt 33 auf dem Wort *„unendlich"* mit dem verminderten Septakkord.

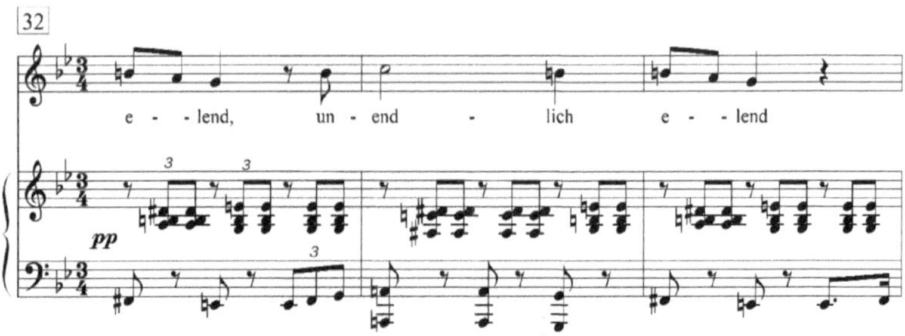

Abbildung 77: Franz Schubert kommentiert die Qualen des Atlas mit dem verminderten Septakkord (vgl. Schubert und Heine 1985, 152).

Im Lied *Die Stadt* aus Franz Schuberts *Schwanengesang* (Abbildung 78) erscheint der verminderte Septakkord wiederholt im Arpeggio. Hier vermittelt der Akkord die schwermütige Stimmung des lyrischen Ich, das *„das Liebste verlor"*. Der Klang erscheint hier im Pianissimo und wirkt kraftlos, resigniert. Reclams Liedführer (Oehlmann 1993, 310) beschreibt diesen Klang folgendermaßen:

> *„Ein auf- und abrauschendes, das ganze Lied durchklingendes Arpeggio, ein verminderter Septimenakkord, taucht alles in mystische Stimmung; er bezeichnet ebenso das Nebelbild der am Horizont aufleuchtenden Stadt wie den feuchten, die Wellen kräuselnden Windhauch, ebenso die unendliche Monotonie des Meeres wie die träumerischen Regungen in der Seele dessen, der im Kahn über das Meer hinfährt: Der Septimenakkord ist nicht als Dissonanz gebraucht, die der Auflösung bedürfte, sondern in impressionistischem Sinne als absoluter, in sich ruhender Klang gesetzt, der unaufgelöst liegen bleibt; die statische Harmonik Debussys kündigt sich an."*

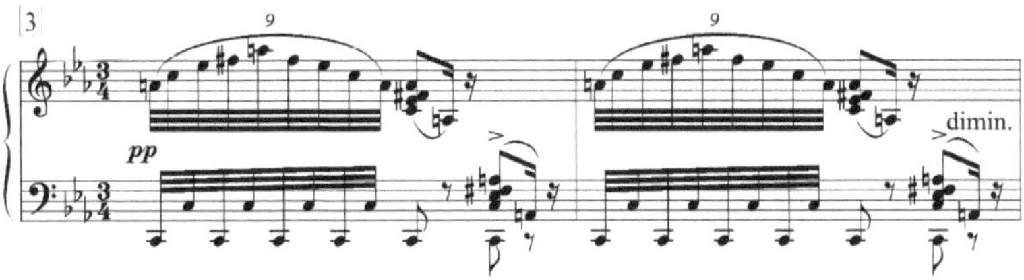

Abbildung 78: Der verminderte Septakkord im Lied ‚Die Stadt' zeichnet die schwermütige Stimmung des lyrischen Ich nach (vgl. Schubert und Heine 1985, 159).

2.9.2 Der verminderte Septakkord bei anderen Komponisten

Auf der Suche nach dem verminderten Septakkord in der Musikgeschichte werden wir schon recht früh fündig. Bereits an der Wende von der Renaissance zum Barock – etwa bei Claudio Monteverdi – tauchen Klänge auf, die sich als verminderte Septakkorde interpretieren lassen. Johann Sebastian Bach setzt diesen Klang beispielsweise in der Matthäuspassion ein, die betreffende Passage ist unten als Klavierfassung (Abbildung 79*)* notiert. Pilatus stellt hier dem Volk die Frage, ob er Jesus oder den Mörder Barrabas freilassen solle. Das Volk entscheidet sich für Barrabas. Hier illustriert der verminderte Septakkord auf dem Ausruf „*Barrabam*" doppelchörig und in lauter Dynamik anschaulich das Szenarium des Entsetzens.

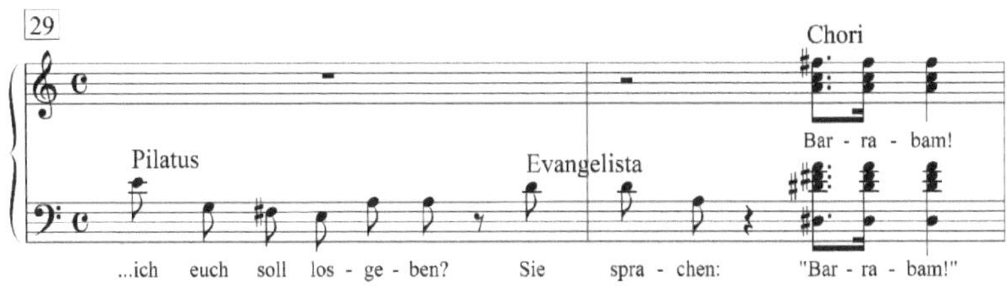

Abbildung 79: Die emotionale Wirkung dieser Szene beruht im Wesentlichen auf dem verminderten Septakkord beim Aufschrei „Barrabam" (vgl. Bach 1973, 200).

In der von Robert Schumann vertonten Ballade *Belsazar* ist der verminderte Septakkord bevorzugtes Ausdrucksmittel des Schreckens. Er zieht sich wie ein roter Faden durch die gesamte Vertonung. Bereits das zweitaktige Klaviervorspiel dieser Ballade (Abbildung 80) stellt den verminderten Septakkord als harmonisches Leitmotiv vor, das auf das unglückliche Ende der Handlung hinweist.

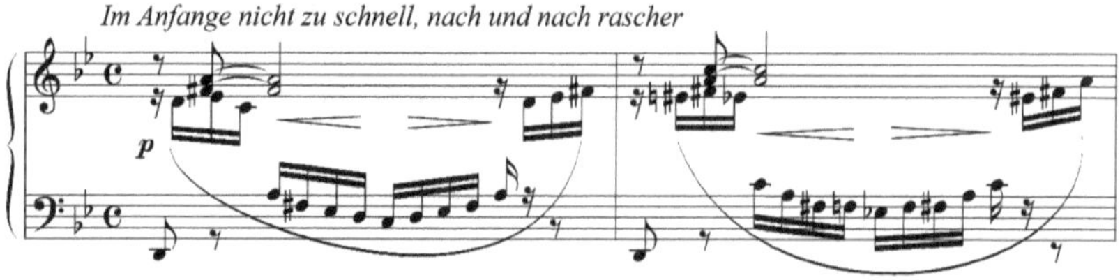

Abbildung 80: Bereits im Klaviervorspiel der Ballade ‚Belsazar' bereitet der verminderte Septakkord, auf dem die Sechzehntelbewegung basiert, die Dramatik der Handlung vor (vgl. Dörffel 1911, 144).

Der verminderte Septakkord bestimmt auch die harmonische Struktur im weiteren Verlauf der Ballade. Als die übermütigen Knechte die Lästerungen Belsazars bejubeln, erklingen verminderte Septakkorde, um das hinter dem Jubel versteckte Grauen deutlich zu machen (Abbildung 81).

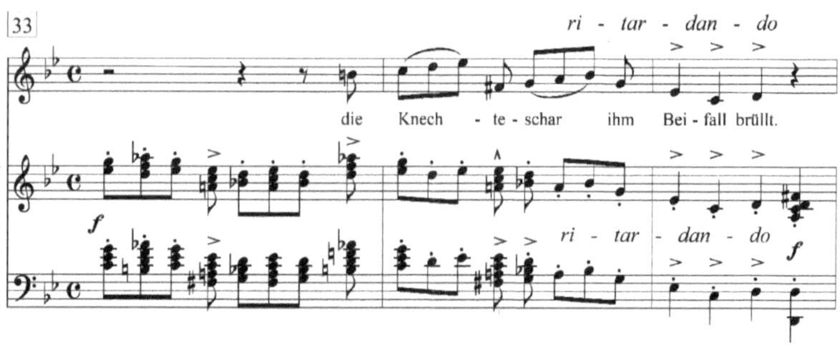

Abbildung 81: Während der Text hier eine ausgelassene Stimmung beschreibt, verweisen die dazu kontrastierenden verminderten Septakkorde (Takt 33 und 34) auf den dramatischen Fortgang der Ballade ‚Belsazar' (vgl. Dörffel 1911, 146).

In der Oper *Don Giovanni* von Wolfgang Amadeus Mozart erklingt der verminderte Septakkord beispielsweise dann, als Don Giovanni dem aus dem Grab gestiegenen Komtur die Hand reicht und mit Schrecken feststellt, dass dessen Hand eiskalt und starr ist. Die betreffenden Takte sind in Abbildung 82 als Klavierauszug notiert.

Der englische Musikwissenschaftler Deryck Cooke (1959, 87) beschreibt die Szene so:

> *„...the Don offers the Statue his hand – 'Here it is' - - but when he grasps it he cries out in horror, moving to the diminished fifth. The chord accompanying his cry – the chord of the diminished seventh – is, of course, made up of two interlocking diminished fifths."*

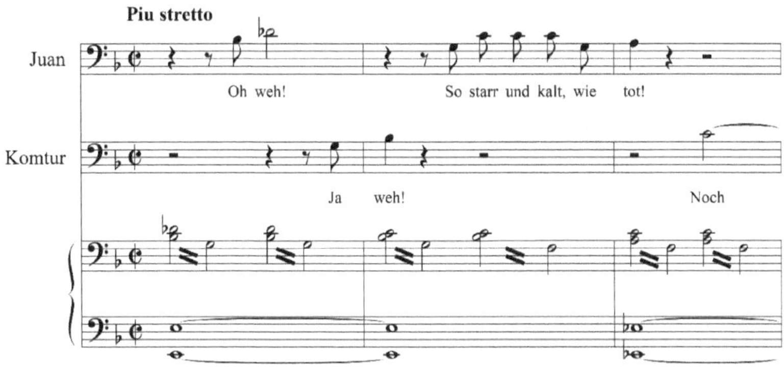

Abbildung 82: Als der aus dem Grab gestiegene Komtur Don Giovanni seine Hand reicht, schreit dieser entsetzt auf, da die Hand des Komtur starr und kalt ist. Der verminderte Septakkord drückt hier den Schrecken Don Giovannis aus (vgl. Mozart o.J., 326).

Der Song *We are the Champions* der Popgruppe Queen wurde 2011 nach der Befragung von mehreren Tausend Probanden zum eingängigsten Song aller Zeiten gekürt.[1] Dies erscheint auf den ersten Blick verwunderlich, weil die Harmonik hier – im Vergleich zu anderer populärer Musik - recht kompliziert ist. Auf der Suche nach dem Schlüsselreiz dieses Songs von Freddie Mercury stoßen wir auf den verminderten Septakkord, der zweimal kurz hintereinander erscheint. Das erste Mal im Takt nach der Textstelle *„And we'll keep on fighting till the end."* Sobald der Gesang aussetzt, wechselt die Musik instrumental zum verminderten Septakkord. Der trifft in seiner Schärfe gleichsam wie ein Dolchstoß ins Ohr (Abbildung 83). Danach folgt zweimal die Textpassage „*We are the champions*", die beim zweiten Mal mit dem verminderten Septakkord harmonisiert ist. Auch hier wirkt dieser Klang überaus intensiv, frei interpretiert so, als ob sich in die Jubelgesänge des Siegers Verzweiflungsschreie des Verlierers mischten.

[1] Vgl. Hart, J. (2011). Scientists Say Queen's „We Are The Champions" is the Catchiest Song Ever, online unter URL:
https://www.guitarworld.com/news/scientists-say-queens-we-are-champions-catchiest-song-ever [21.03.2019].

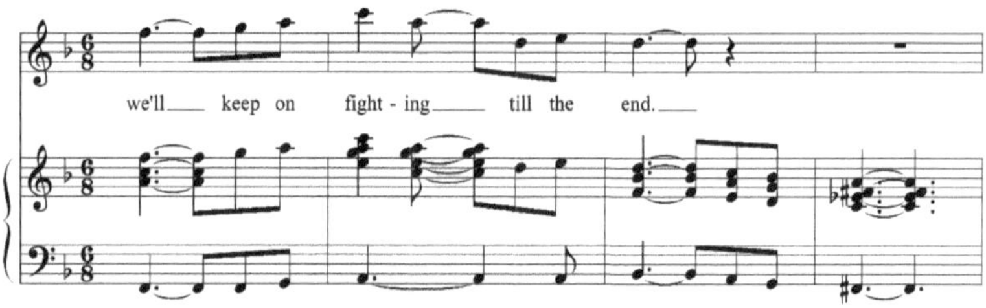

Abbildung 83: Der verminderte Septakkord im letzten Takt dieses Musikbeispiels wirkt gleichsam wie ein Dolchstoß.[1]

2.9.3 Weitere Ausdrucksmöglichkeiten des verminderten Septakkords

Der dritte Takt und die folgenden des Intermezzo Nr. 6 aus den Klavierstücken op. 118 (Abbildung 84) von Johannes Brahms stehen auf dem verminderten Septakkord, wirken jedoch nicht verzweifelt. Das liegt daran, dass das Pianissimo der Strebetendenz-Theorie entsprechend den Eindruck einer energetisch schwachen emotionalen Regung vermittelt. So erscheint der Charakter der Anfangstakte eher wie ein schwermütiges Grübeln, ein Umherkreisen in düsteren Gedanken.

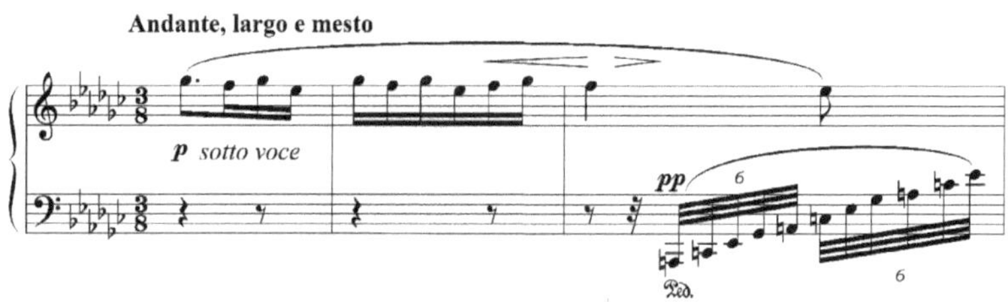

Abbildung 84: Der verminderte Septakkord im dritten Takt des letzten Brahms-Intermezzo op. 118 wirkt schwermütig-grüblerisch (vgl. Brahms 1976, 100).

Im Lied *Nun hast du mir den ersten Schmerz getan* (Abbildung 85) aus dem Zyklus *Frauenliebe und Leben* op. 42 von Robert Schumann beschreibt der leise verminderte Septakkord (Takt 16 bis 19) im Sinne der Strebetendenz-Theorie dem Text gemäß nicht den akuten Schrecken, sondern die spätere Reaktion darauf. Da heißt es: *„Ich zieh' mich in mein Inn'res still zurück, der Schleier fällt, da hab' ich dich und mein verlor'nes Glück, du meine Welt!"*

---

[1] Vgl. Mercury, F. (o.J.). We are the Champions, online unter URL: https://de.scribd.com/doc/8496239/We-Are-the-Champions-Piano-Score-Annotated [16.12.2018].

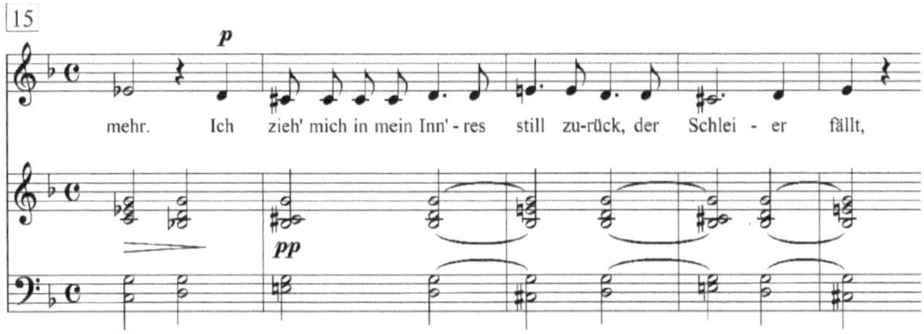

Abbildung 85: In Takt 16 und den folgenden Takten des Liedes ‚Nun hast du mir den ersten Schmerz getan' beschreibt der verminderte Septakkord den seelischen Zustand der Liebenden beim Rückzug in sich selbst (vgl. Schumann und Heine o.J., 105).

Die Eigenschaft des verminderten Septakkordes, die Vorstellung von Schrecken zu erzeugen, zeigt sich nach unserer Beobachtung vor allem dann, wenn der Klang mit der Erwartung der nachfolgenden Auflösung in eine Molltonika verbunden ist. Ist die Tonika hingegen ein Durakkord, kann der verminderte Septakkord auch den Charakter einer gespielten Verzweiflung im Sinne von Koketterie annehmen. So wie auf dem zweiten Achtel im zweiten Takt des Stückes *Bittendes Kind* (Abbildung 86) aus Robert Schumanns *Kinderszenen* op. 15. Hier interpretieren wir den verminderten Septakkord auf der Doppeldominante als Mittel, die schauspielerisch dargestellte Verzweiflung eines Kindes auszudrücken, das einen Erwachsenen zur Erfüllung seines Wunsches bewegen will.

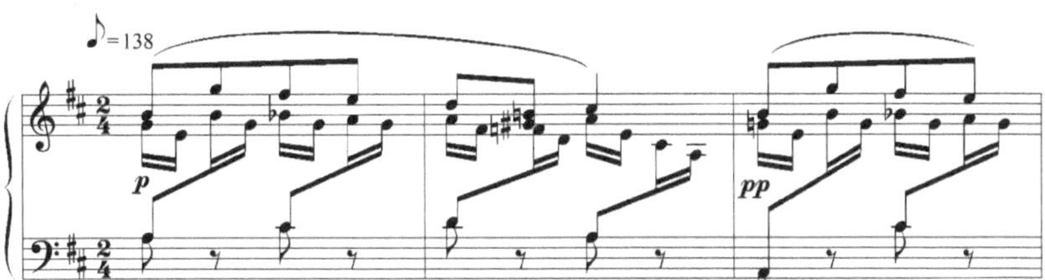

Abbildung 86: In ‚Bittendes Kind' von Robert Schumann bringt der verminderte Septakkord auf dem zweiten Achtel in Takt 2 eine Art gespielte Verzweiflung zum Ausdruck, mit der ein Kind die Erfüllung seines Wunsches durchsetzen will (vgl. Schumann 1977, 5).

Eine humorvolle Darstellung von „Verzweiflung" findet sich im Lied *Ein Jüngling liebt ein Mädchen* (Abbildung 87) aus dem Zyklus *Dichterliebe* op. 48 von Robert Schumann. Bei den Worten *„dem bricht das Herz entzwei"*, auf dem ersten Viertel von Takt 31, bringt ein verminderter Septakkord mit der Auflösung nach Dur die Stimmung des Liebesschmerzes innerhalb einer humorvollen Geschichte zum Ausdruck. Hier wird der verminderte Septakkord vom Hörer im Sinn der Strebetendenz-Theorie deswegen humorvoll aufgenommen, weil der Hörer aufgrund der vorangegangenen Harmonien die Auflösung nach Dur erwartet.

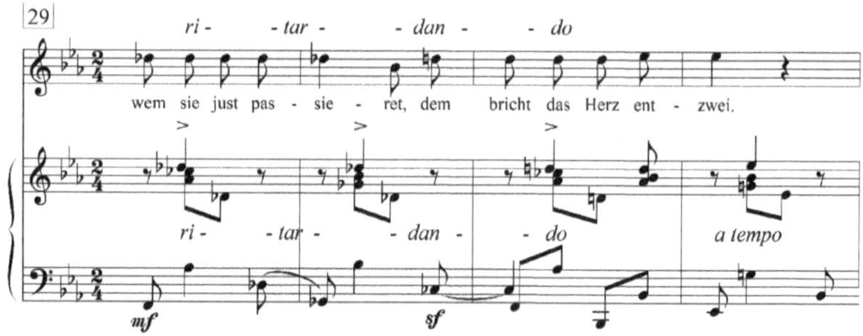

Abbildung 87: Der verminderte Septakkord auf der ersten Zählzeit in Takt 31 lässt die Auflösung nach Dur erwarten, weswegen der Hörer den Klang in diesem Zusammenhang als humorvoll aufnehmen kann (vgl. Schumann und Heine o.J., 126).

2.10 Der Septnonakkord mit kleiner None: Es geht noch schmerzlicher

Der Septnonakkord mit Grundton und kleiner None übertrifft im Sinne der Strebetendenz-Theorie den verminderten Septakkord als Ausdruck des Schreckens insofern, dass die kleine None aufgrund der Dissonanz mit dem Grundton stärker als Leitton in Erscheinung tritt. Ein anschauliches Beispiel dafür findet sich im *Erlkönig* (Abbildung 88) von Franz Schubert nach einem Gedicht von Johann Wolfgang von Goethe.

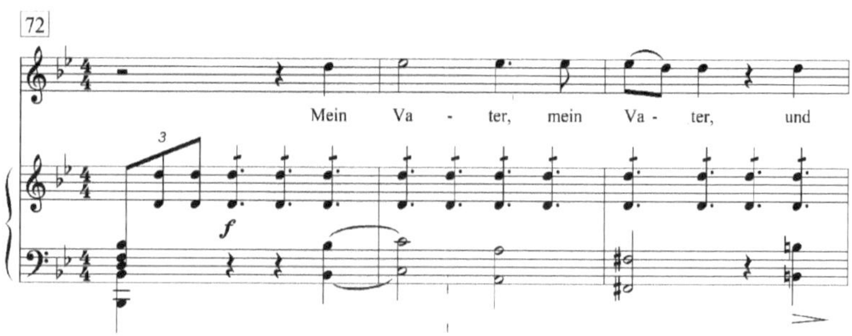

Abbildung 88: Der Ruf „Mein Vater, mein Vater“ wirkt aufgrund der None es² in der Gesangsstimme wie von panischer Angst erfüllt (vgl. Schubert und Goethe o.J., 173).

Im Song *Joy Inside My Tears* von Stevie Wonder (Abbildung 89) steht der Septnonakkord mit kleiner None beispielsweise auf der dritten Zählzeit im ersten Takt. Die Dissonanz der kleinen None *gis* und *a*¹ auf dem dritten Viertel des ersten Taktes der Instrumentaleinleitung bringt eine schmerzhafte Empfindung zum Ausdruck, die man dem Titel des Songs entsprechend als Trauer interpretieren kann, in die sich etwas Freude mischt.

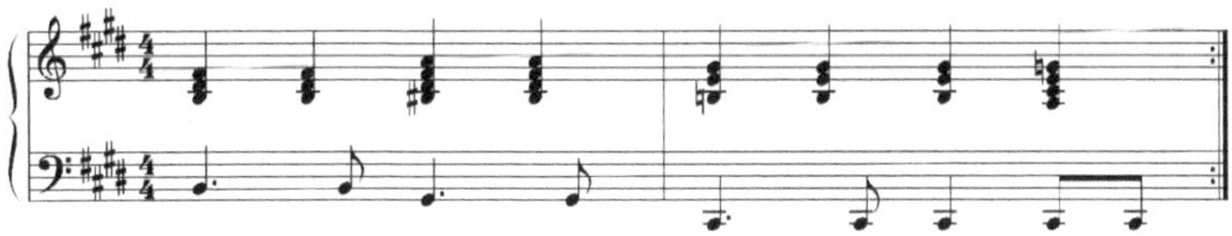

Abbildung 89: Die kleine None auf der dritten Zählzeit der Einleitung von ‚Joy Inside My Tears' von Stevie Wonder bringt eine schmerzhafte Empfindung zum Ausdruck.[1]

2.11 Der Septnonakkord mit großer None: Sehnsucht und Verlangen

Vermittelt ein Septnonakkord mit kleiner None die Emotion einer schmerzhaften Empfindung, die, würde man sie selbst fühlen, als Reaktionsmöglichkeit Kampf, Flucht oder Resignation zur Folge haben könnte, kann die Verwendung des Septnonakkords mit großer None in der Romantik – vor allem bei Robert Schumann – nach Anwendung der Strebetendenz-Theorie eine andere Sichtweise der Schmerzkonfrontation aufzeigen. Der Septnonakkord mit großer None ist wegen der abgeschwächten Dissonanz im Vergleich zur kleinen None nicht mehr Ausdruck von Panik, auch wenn er immer noch Ausdruck schmerzhafter Gefühle ist. Doch die wenden sich nicht gegen eine Auflösung in eine „nicht gewollte" Molltonart, sondern gegen die Auflösung nach Dur, das der Strebetendenz-Theorie gemäß als gewollt empfunden wird. Es geht hier also nicht um die Vermeidung einer Bedrohung, sondern eher um die Vermeidung der Rückkehr aus einer Sehnsucht, einer Träumerei oder Vision in die Realität.

Treffend beschreibt der Musikwissenschaftler Adolph Bernhard Marx (1839, 280) den Unterschied von Septnonakkorden mit kleiner und großer None:

> *„Zu dem grossen Dreiklange der Dominante stellt sich die kleine Septime, und der helle Dreiklang ist zu einer weichen, sehnsüchtig nach Auflösung verlangenden Harmonie geworden. Wir fügen die grosse None zu, und der grosse Nonenakkord baut sich überschwenglich [!], in übergreifendem Verlangen auf; wir nehmen statt der grossen die kleine None, und der kleine Nonenakkord büsst gleichsam ängstlich und wehvoll sein Uebergreifen über die Septime hinweg in die höhere Oktave. In beiden waltet der Karakter [!] des Dominantakkordes und seiner Septime; im grossen Nonenakkorde bebt die Sehnsucht auf in überschwengliches [!], Entzückung ahnendes Verlangen; im kleinen überfüllt sie sich zu schmerzlichem, verzagendem Verlangen."*

Ein Beispiel, das diese Art von Verwendung des Septnonakkords mit großer None deutlich macht, ist die *Mondnacht* (Abbildung 90) aus Robert Schumanns *Liederkreis* op. 39. Wir interpretieren das Lied als musikalische Darstellung einer Sinneserweiterung, die durch die

[1] Vgl. Wonder, S. (1976). Joy Inside my Tears, online unter URL: https://www.sheetmusicdirect.com/de-DE/se/ID_No/21947/Product.aspx [25.03.2019].

Konzentration auf die Natur letztendlich zur intensiven Wahrnehmung der eigenen Sehnsucht führt, und zwar dann, wenn das Lied bei den Worten *„als flöge sie nach Haus"* schließt.

Reclams Liedführer schreibt dazu:

> *„‚Mondnacht' ist die innere Mitte des Zyklus, eine Perle, vielleicht das schönste, am tiefsten charakteristische Lied Schumanns überhaupt; ein Traumbild der vollkommenen Harmonie von Erde und Himmel, Natur und Seele, in einem Augenblick schöpferischer Entrückung empfangen und mit inspirierter, das Wunder in tönende Gestalt zwingender Meisterschaft ausgeführt."* (Oehlmann 1993, 358).

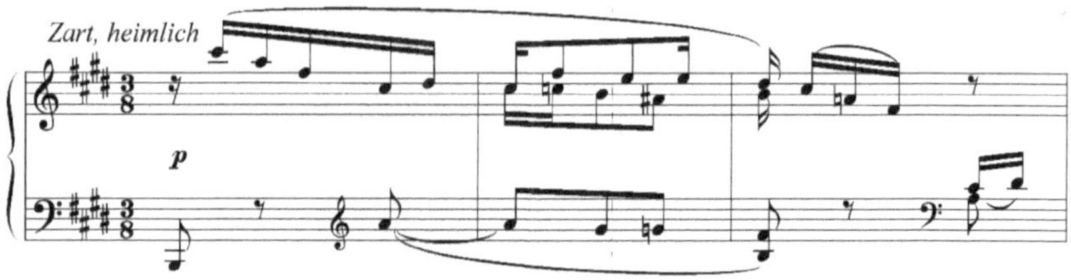

Abbildung 90: Das Klaviervorspiel des Liedes ‚Mondnacht' von Robert Schumann beginnt mit einer großen None und symbolisiert die Ausweitung der sinnlichen Wahrnehmung (vgl. Schumann und Eichendorff o.J., 68).

2.12 Staunen und Wundern beim übermäßigen Dreiklang

Beim übermäßigen Dreiklang werden zwei große Terzen übereinandergeschichtet. Ein Beispiel ist der Klang *c-e-gis*. Diether de la Motte (1983, 88) sagt: *„Erst der Zusammenhang entscheidet, ob in E-Gis-C Gis oder C dissonant ist"*.

Aus der Unklarheit, welche Töne des übermäßigen Dreiklangs Leittöne sind, lässt sich auch der emotionale Charakter des Klangs herleiten, wenn wir die *Strebetendenz-Theorie* anwenden: Die Identifikation mit einem Willen gegen eine Veränderung gelingt nicht eindeutig. Der Hörer nimmt die Haltung des Fragenden ein. Die Strebetendenz-Theorie beschreibt den übermäßigen Dreiklang als Ausdruck des Sich-Wunderns oder Staunens, was auf die vagierenden Leittöne dieses Klangs zurückzuführen ist.

In der Musikliteratur findet der Klang entsprechende Verwendung als Ausdruck des Sich-Fragens, des Sich-Wunderns oder des Staunens. In der Filmmusik taucht dieser Klang häufig in Szenen auf, die etwas Wunderartiges, Magisches oder Staunenswertes beschreiben. Ein Beispiel ist die Szene aus der Erich-Kästner-Verfilmung *Das doppelte Lottchen*[1] von Josef von Baky, in der sich die beiden Zwillinge, die bis dahin nichts von der Existenz des anderen

[1] Vgl. *Das doppelte Lottchen*. Regie: Josef von Baky. Deutschland 1950.

wussten, zum ersten Mal staunend gegenüberstehen. Hier intensiviert eine Folge übermäßiger Dreiklänge die Identifikation des Zuschauers mit der Szene.

Der Autor und Filmmusikkomponist Reinhard Kungel (2008, 77) sagt: *„Der übermäßige Dreiklang (zwei große Terzen, wie bei c-e-gis), hinter dem als Skala eine Ganztonleiter steht, hat etwas Offenes und Schwebendes an sich."*

Im Lied *Die Krähe* (Abbildung 91) aus dem Zyklus *Winterreise* untermalt Franz Schubert mit dem übermäßigen Dreiklang die Worte *„Krähe, wunderliches Tier"*. Die Passage ist zunächst in ihrer Dissonanzwirkung nicht eindeutig erfassbar.

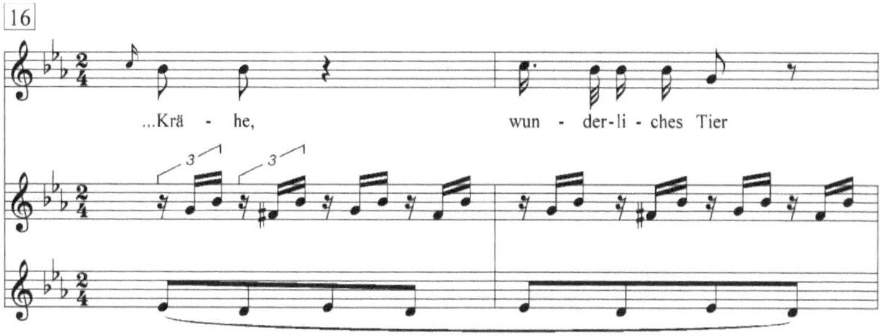

Abbildung 91: Maßgeblich für die Wirkung dieser Passage sind hier die übermäßigen Dreiklänge, deren Akkordtöne im Moment ihres Erklingens in ihrer Konsonanz-Dissonanz-Wirkung nicht eindeutig wahrgenommen werden können (vgl. Schubert und Müller 1985, 98).

Das folgende Notenbeispiel (Abbildung 92) zeigt nochmals die betreffende Passage, jedoch haben wir die übermäßigen Dreiklänge jetzt durch andere Harmonien ersetzt. Die Wirkung ist nun eine andere.

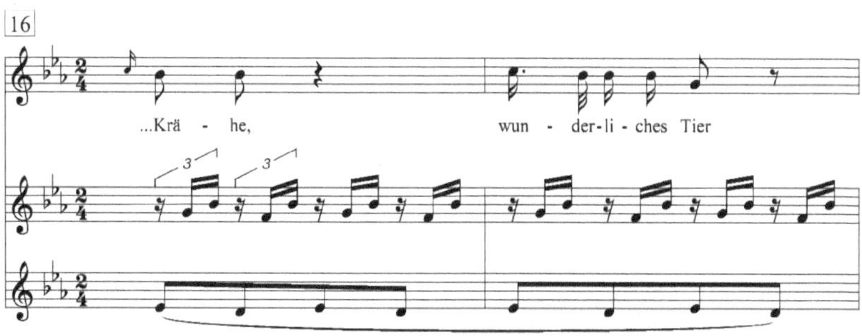

Abbildung 92: Durch den Austausch der übermäßigen Dreiklänge durch andere Harmonien ist die besondere Wirkung der betreffenden Passage verloren gegangen (vgl. Schubert und Müller 1985, 98).

Die starke Wirkung des Beginns von Johann Sebastian Bachs Choralgesang *Ach Gott, vom Himmel sieh' darein* (Abbildung 93) ist ebenfalls dem übermäßigen Dreiklang geschuldet, der hier auf dem ersten Viertel des ersten Taktes auf dem Wort „Gott" erklingt.

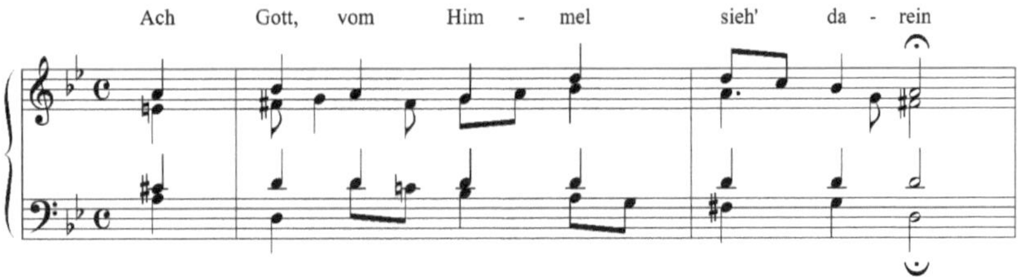

Abbildung 93: Der übermäßige Dreiklang auf dem Wort „Gott" zeichnet musikalisch das Wunder nach, wenn sich der Himmel öffnet und Gott auf das sündhafte Treiben der Menschen blickt (vgl. Bach o.J., 122).

Der Song *Tell It Like It Is* (Abbildung 94) von Aaron Neville wird mit einem gebrochenen übermäßigen Dreiklang eingeleitet. Im Text geht es um einen Mann, der nicht weiß, woran er bei seiner Geliebten ist, ob sie ihn liebt oder ob sie ihn nur als Spielzeug benutzt. Da heißt es *„If you want something to play with go and find yourself a toy."* In der zweiten Strophe heißt es dann: *"If you are serious don't play with my heart, it makes me furious."*

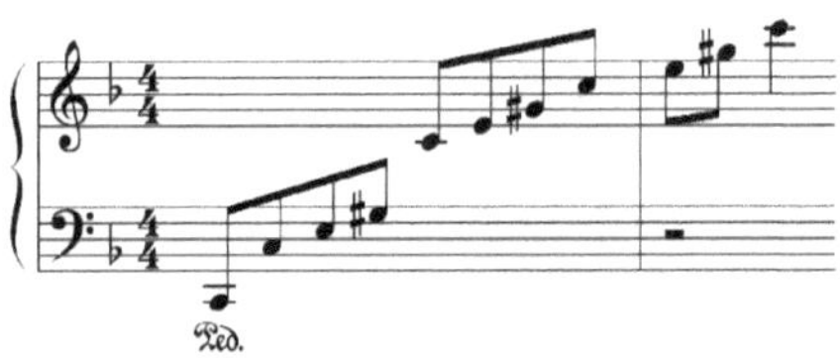

Abbildung 94: Der übermäßige Dreiklang im Vorspiel des Songs ‚*Tell It Like It Is*' von Aaron Neville ist Ausdruck des Sich-Fragens. Es geht dabei um einen Mann, der nicht weiß, woran er bei seiner Geliebten ist.[1]

Auch in unseren Tests wurde diese Wirkung des übermäßigen Dreiklangs erkannt. Die Probanden ordneten beim Basis-Test, Teil A (siehe S. 115), das folgende Musikbeispiel (Abbildung 95), das aus einer Folge übermäßiger Dreiklänge besteht, von fünf angebotenen Optionen zu 96 % dem Begriff „Magische Verwandlung" zu.

[1] Vgl. Davis, G., & Diamond, L. (1966). Tell it like it is, online unter URL: https://www.musicnotes.com/sheetmusic/mtd.asp?ppn=MN0090198 [14.12.2018].

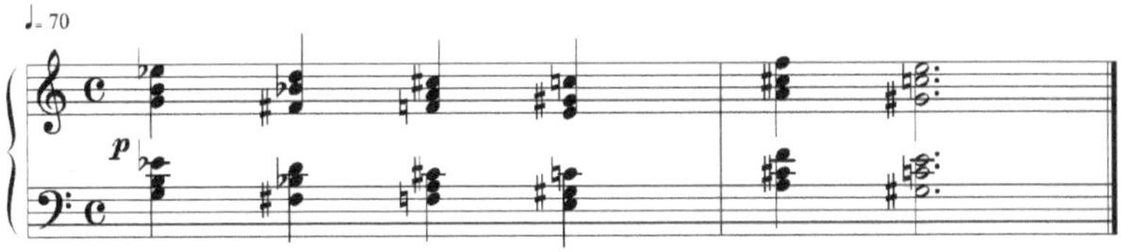

Abbildung 95: Dieses Musikbeispiel wurde aus fünf möglichen Musikbeispielen von Probanden zu 96 % dem Begriff ‚Magische Verwandlung' zugeordnet (BW).

Beim Rocky-Test (siehe S. 112) wurden den Probanden die folgenden beiden Musikbeispiele zur Untermalung einer Märchenszene angeboten, in der eine Dornenhecke um ein verzaubertes Schloss wächst. Das erste Musikbeispiel (Abbildung 96) enthält ausschließlich übermäßige Akkorde, die die Strebetendenz-Theorie als Ausdruck des Wunderns und Staunens beschreibt. Dieses Beispiel wurde von 68 % der Probanden präferiert.

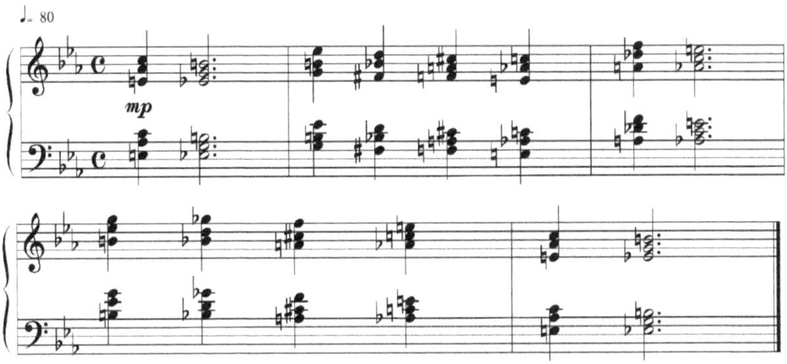

Abbildung 96: Dieses Musikbeispiel, das nur aus übermäßigen Dreiklängen besteht, wurde zu 68 % einer Märchenszene zugeordnet, in der es um eine zauberhafte Verwandlung geht (BW).

Das zweite Musikbeispiel (Abbildung 97) bestand aus Dominantseptakkorden, ist aber in Tempo, Lautstärke und Bewegungsrichtung dem ersten Beispiel angeglichen. Es wurde nur zu 32 % als geeignet bewertet, die zauberhafte Märchenszene zu untermalen.

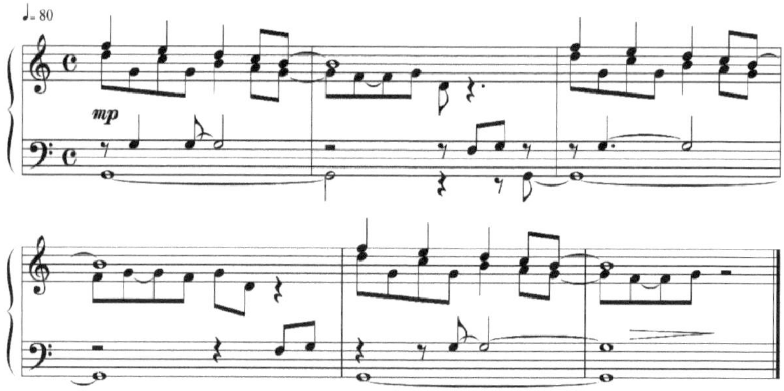

Abbildung 97: Dieses Musikbeispiel wurde nur zu 32 % einer zauberhaften Märchenszene zugeordnet (BW).

2.13 Die Dur-Subdominante: Gelöstheit nach dem Sieg

Die Dur-Subdominante ist der Durklang, der auf der vierten Stufe einer Durtonleiter gebildet wird. In C-Dur ist die vierte Stufe der Ton *f* und die Subdominante beispielsweise der Klang *f-a-*c^1. Die Subdominante findet in der E- und U-Musik gleichermaßen als Ausdruck einer gelösten, unbeschwerten Stimmung Verwendung. Bei unseren Befragungen wurden Passagen mit Subdominantklängen in Liedern oder Schlagern von den Probanden als diejenigen Stellen bezeichnet, bei denen die Stimmung *„am wärmsten"* und *„am freudigsten"* ist. Die Subdominante wird von Musiktheoretikern als *„spannungsarm"* beschrieben. Gustav Güldenstein (1973, 40) bezeichnet den Wechsel von der Tonika zur Subdominante als *„Spannungsminderung von einer Normalspannung in eine Unterspannung."* Diether de la Motte (1983, 35) nennt die Subdominante *„spannungsarme Entfernung zum Zentrum"*. Diese Beschreibungen sind naheliegend, da die Terz der Subdominante innerhalb der Tonart keinen Ton findet, in den sie sich mit einem Halbtonschritt nach oben auflösen könnte.

Der Charakter einer „Unterspannung" der Subdominante im Vergleich zur Tonika spielt auch bei der Anwendung der Strebetendenz-Theorie auf die Subdominante eine wesentliche Rolle: Spielen wir eine Durtonika und wechseln dann zur Subdominante, so identifizieren wir uns immer noch mit einem Gefühl des Einverstandenseins, da ja die Subdominante auch ein Durklang ist. Im Vergleich zur Tonika erscheint nun aber der Leitton spannungsarm, in seiner Intensität abgeschwächt. Dies wirkt sich auf unsere Identifikation mit einem Willen aus, der ebenfalls abgeschwächt erscheint. Das entspricht emotional einem Gefühl des Einverstandenseins mit dem Gegenwärtigen, das als besonderes Merkmal ungefährdet ist.

An dieser Stelle halten wir es zur Verdeutlichung für angebracht, nochmals auf Güldensteins Beschreibung der Durtonika Bezug zu nehmen (siehe S. 17): Die „Spannung" des „aufrecht stehenden Menschen", der bei der Durtonika „ständig die Schwere zu überwinden hat", ist bei der Subdominante gemindert zu einer „Unterspannung", bei der man der „Überwindung der Schwere" nur einen geringen Widerstand entgegensetzt. Ein solches Gefühl passt zu Momenten der Überschwänglichkeit, der Unbekümmertheit, die sich etwa im Rausch oder nach einem Sieg einstellen könnten. Die Subdominante findet in dieser Funktion in der Literatur reiche Verwendung. In vielen Hymnen (siehe Abbildung 104) erscheint die Subdominante überdies auf dem emotionalen und oft auch melodischen Höhepunkt. Das Große Lexikon der Musik schreibt: *„Gern an melodischen Höhepunkten eingesetzt, ist für die S.* [Subdominante, d. Verf.] *[...] der ‚Klanggehalt' (W. Maler) charakteristisch."* (Honegger und Massenkeil, Das große Lexikon der Musik 1982, 39).

Im zweiten Takt des Studentenliedes *Gaudeamus igitur* (Abbildung 98) erscheint die Subdominante als Ausdruck unbeschwerter Freude.

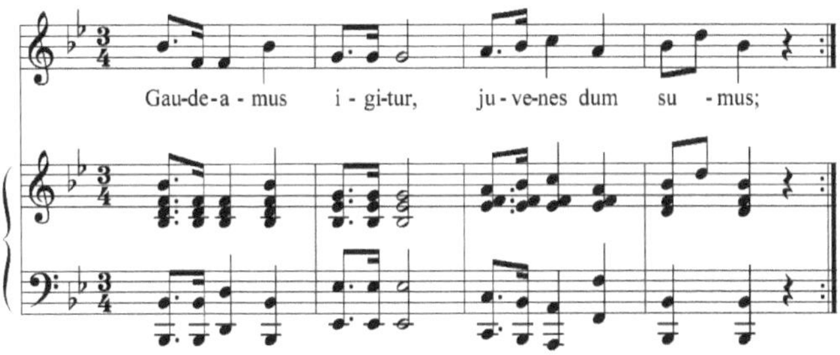

Abbildung 98: Die Dur-Subdominante wird häufig an melodischen Höhepunkten eingesetzt, weil sie eine gesteigerte, unbeschwerte Stimmung zum Ausdruck bringen kann, wie hier im zweiten Takt des Studentenlieds ‚Gaudeamus igitur' (vgl. Gaudeamus igitur 1992, 165).

Um zu zeigen, dass die Subdominante und nicht nur die Tatsache, dass es sich dabei um einen Durklang handelt, der Grund für die fröhliche Wirkung dieser Passage ist, haben wir das Notenbeispiel noch einmal angeführt, dabei jedoch die Subdominante beim Wort *„igitur"* durch einen anderen Durakkord ersetzt (Abbildung 99). Obwohl die Passage immer noch in Dur steht, hat sie der Strebetendenz-Theorie gemäß jetzt eine andere Wirkung.

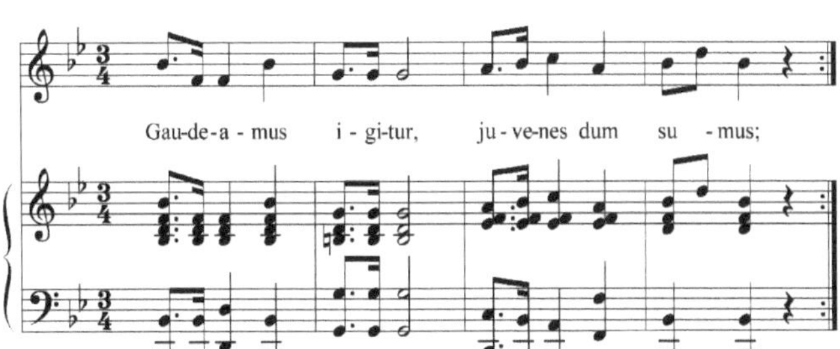

Abbildung 99: Da der Subdominantklang in ‚Gaudeamus igitur' im zweiten Takt durch einen anderen Durakkord ersetzt wurde, hat die Stelle des Liedes ihren freudigen Charakter verloren (vgl. Gaudeamus igitur 1992, 165).

Ein anderes Beispiel für die Verwendung der Subdominante als Ausdruck von Freude ist das Stück *Fröhlicher Landmann, von der Arbeit zurückkehrend* (Abbildung 100) aus dem *Album für die Jugend* von Robert Schumann. Der Melodieaufschwung der linken Hand in Takt 2 auf der Subdominante erinnert an einen freudigen Jauchzer.

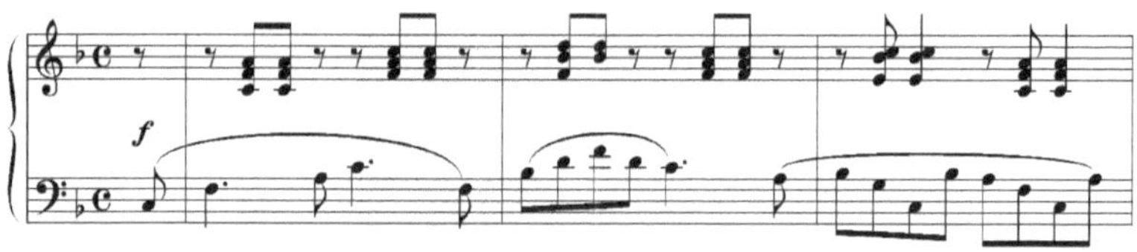

Abbildung 100: Der Melodieaufschwung der linken Hand in Takt 2 steht auf der Subdominante (vgl. Schumann 1977, 10).

Das Lied *We shall overcome* (Abbildung 101) war ein Protestlied der amerikanischen Bürgerrechtsbewegung und später der südafrikanischen Anti-Apartheidsbewegung. Die Dursubdominante bei dem Wort *„overcome"* interpretieren wir als Ausdruck von Zuversicht und Siegessicherheit.

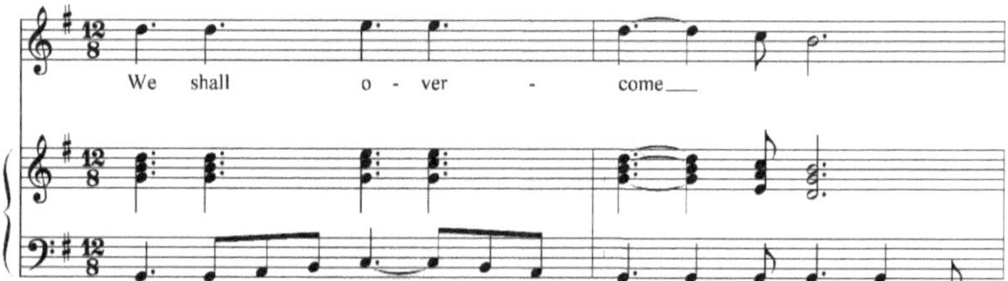

Abbildung 101 Die Subdominante im Lied ‚We shall Overcome' beim Wortteil „over" bringt Siegessicherheit zum Ausdruck.[1]

Im dritten Takt des Liedes *So ein Tag, so wunderschön wie heute* (Abbildung 102) von Lotar Olias und Walter Rothenburg erscheint die Subdominante und verleiht dieser Passage einen euphorischen Charakter.

[1] Vgl. Tindley, C. A. (1960). We shall Overcome, online unter URL: https://www.musicnotes.com/sheetmusic/mtd.asp?ppn=MN0077307 [25.12.2018].

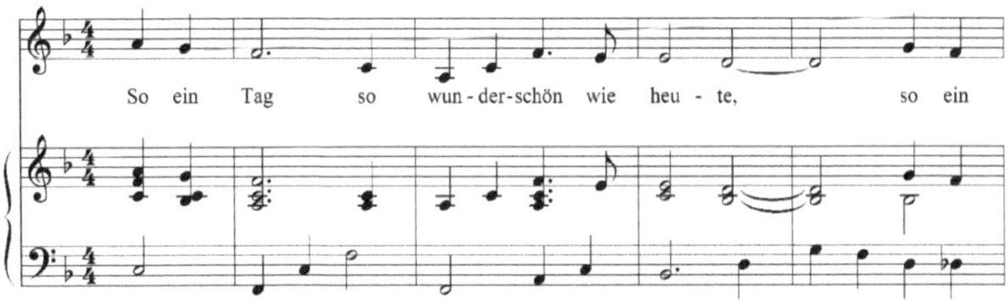

Abbildung 102: Die zeitliche Ausdehnung der Notenwerte auf halbe Noten beim Wort „heute" im dritten Takt fällt mit der harmonischen Funktion der Subdominante zusammen, die prägend für den euphorischen Charakter der Passage ist (vgl. Olias und Rothenburg 1954, 1).

Das Lied *Freut euch des Lebens* (Abbildung 103) von Hans Georg Nägeli und Johann Martin Usteri ist eines der bekanntesten deutschen Volkslieder. Der Takt bei den Worten „läßt [!] das Veilchen" steht auf der Subdominante.

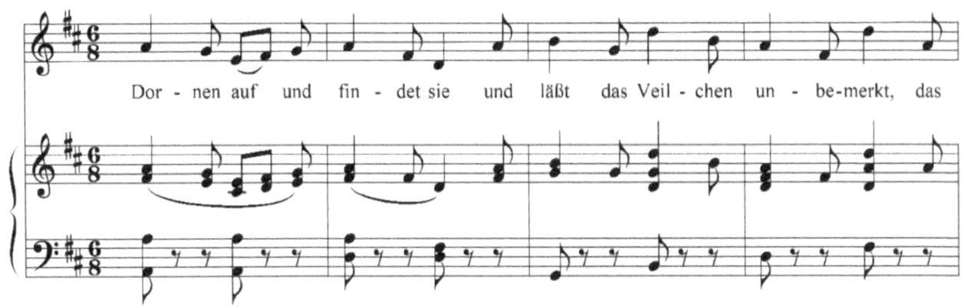

Abbildung 103: Im Lied ‚Freut euch des Lebens' erscheint die Subdominante an exponierter Stelle (vgl. Nägeli und Usteri 1992, 71).

In der deutschen Nationalhymne (Abbildung 104) wird die Subdominante auf besondere Weise gebraucht. Die Hymne beginnt auf der Tonika, moduliert dann zur Dominante. Nach der Wiederholung dieser Passage verweilt sie bei den Worten *„Einigkeit und Recht und Freiheit sind des Glückes Unterpfand"* einige Takte auf der Dominante, anschließend wird die Dominante nochmals bestätigt, so dass man ein weiteres Verweilen auf der Dominanttonart erwarten könnte. Doch dann – bei den Worten *„Blüh im Glanze"* - setzt die Tonika ein, die jedoch aufgrund der vorangegangenen Modulation zur Dominante subdominantischen Charakter annimmt. Beim Wort *„Glanze"* setzt plötzlich die „wirkliche" Subdominante ein, also die Subdominante der scheinbaren Subdominante, noch dazu mit Quartvorhalt. Aus diesen Gründen wirkt die Passage im Sinn der Strebetendenz-Theorie emotional besonders ergreifend.

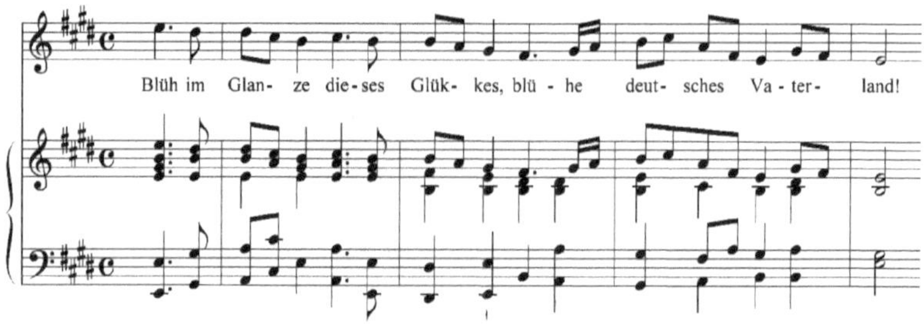

Abbildung 104: Die deutsche Nationalhymne hat aufgrund einer besonderen harmonischen Wendung eine außergewöhnlich starke emotionale Wirkung im Sinne der Strebetendenz-Theorie (vgl. Haydn und Fallersleben 1992, 6).

Auch Franz Schubert gebraucht die Subdominante im Liederzyklus *Die schöne Müllerin* im Sinne der hier beschriebenen Wirkung. Der dissonanzfreie Subdominantklang erscheint nur in den beiden Liedern, die den Zeitpunkt beschreiben, als der Müller fälschlicherweise glaubt, die Liebe der Müllerin gewonnen zu haben. Es handelt sich um die Lieder *Mein* und *Pause*. Nur in diesen Phasen der Handlung könnte man die seelische Verfassung des Müllers als überschwänglich bezeichnen.

2.14 Die Subdominante mit großer Septime: Wehmut im Glück

Die Strebetendenz-Theorie beschreibt die Subdominante mit großer Septime als geeignet, die wehmütige Stimmung - zum Beispiel einer Abschiedsszene - musikalisch darzustellen. Dies erklären wir folgendermaßen: In C-Dur ist die Subdominante F-Dur, etwa der Klang *f-a-*c^1. Mit der Dursubdominante lässt sich – wie oben hergeleitet – ein Gefühl der Unbeschwertheit zum Ausdruck bringen. Die Subdominante mit großer Septime wäre dann der Klang *f-a-*c^1*-*e^1. Aufgrund der großen Septime e^1 mischt sich in den konsonanten Durdreiklang eine Dissonanz, die in der traditionellen Harmonielehre als auflösungsbedürftig, als Strebung, beschrieben wird.

Tauscht man – unter den Prämissen der Strebetendenz-Theorie - die Vorstellung „Strebung" gegen die Vorstellung „Identifikation mit einem Willen gegen eine Veränderung", lässt sich die Wirkung des gesamten Klangs als Ineinander-Wirken zweier Einzeleindrücke beschreiben: Da ist einerseits die unbeschwerte Stimmung der Subdominante, andererseits die Identifikation mit einem Willen gegen eine Veränderung aufgrund der Wirkung der großen Septime. Ein Eindruck also, als ob man in einem Moment der Unbeschwertheit den Augenblick festhalten wollte, als ob sich der Gedanke an Vergänglichkeit wie ein Wermutstropfen dem Gefühl der Unbeschwertheit beimischte. Einen solchen Eindruck interpretieren wir als Wehmut oder Sehnsucht. Deryck Cooke (1959, 90) beschreibt den Charakter der großen Septime mit den Worten „*violent longing*". Diese Herleitung der musikalischen Darstellung eines Gefühls von Wehmut, die sich durch das Ineinanderfließen zweier Einzelempfindungen erklärt, entspricht der Beschreibung des Begriffs „Wehmut" aus Dorschs Lexikon der Psychologie (vgl. Wirtz

2014, 1033) und auch der Beschreibung, die das *Wörterbuch der philosophischen Grundbegriffe* (Kirchner und Michaëlis 1907, 691) dazu liefert:

> *„Wehmut heißt der Affekt der Traurigkeit, der entweder der Erinnerung an eine vergangene Lust, an ein verlorenes Gut oder der Einsicht in die Unmöglichkeit, ein ersehntes Gut zu erlangen, entspringt. Es mischt sich in jene Traurigkeit auch ein Gefühl der Lust."*

Ein Beispiel für musikalisch dargestellte Wehmut, der Herleitung durch die Strebetendenz-Theorie entsprechend, findet sich in der Vertonung *Abschied vom Walde* (Abbildung 105) von Felix Mendelssohn Bartholdy nach dem Text von Joseph von Eichendorff. Hier steht die Subdominante mit großer Septime als Vorhalt im neunten Takt passend auf dem Wort *„Wehen"*.

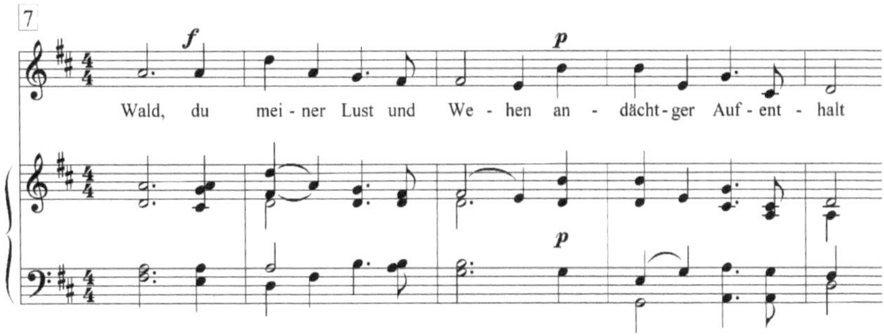

Abbildung 105: In ihrer typisch wehmütigen Wirkung erscheint die Dur-Subdominante mit großer Septime als Vorhalt in Takt 9 im Lied ‚Abschied vom Walde' von Felix Mendelssohn Bartholdy (vgl. Mendelssohn Bartholdy und Eichendorff 1992, 87).

Die Subdominante mit großer Septime fand als Reizharmonie bereits bei Johann Sebastian Bach Verwendung, so etwa im zweiten Satz der dritten Orchestersuite BWV 1068, der bekannten *Air*, auf dem ersten Achtel des zweiten Taktes (In Abbildung 106 als Streichquartett notiert). Der Strebetendenz-Theorie gemäß ist diese Harmonie, auf den die Basslinie des ersten Taktes diatonisch absteigend hinzielt, Ausdruck von Wehmut.

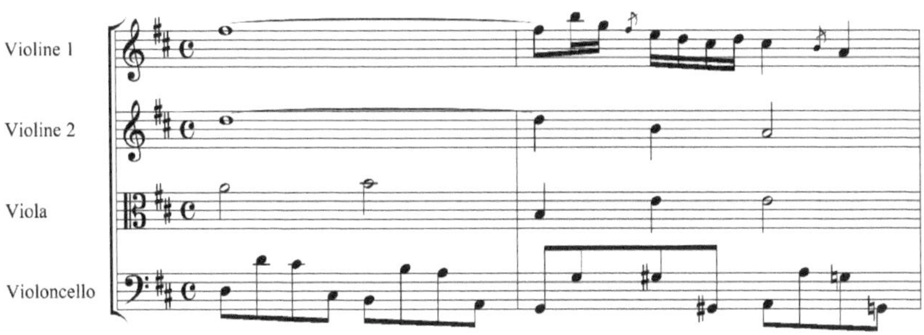

Abbildung 106: Die erste Harmonie im zweiten Takt der ‚Air' aus Bachs dritter Orchestersuite ist eine Subdominante mit großer Septime. Dieser Klang hat eine besonders anrührende Wirkung (vgl. Bach 1992, 2).

Die Subdominante mit großer Septime behielt ihren Ausdruck als Reizharmonie durch alle Epochen hindurch bis in die gegenwärtige Popmusik. In *Your Song* (Abbildung 107) von Elton John erscheint der Klang im zweiten Takt nach dem Gesangseinsatz beim Wort *„funny"*.

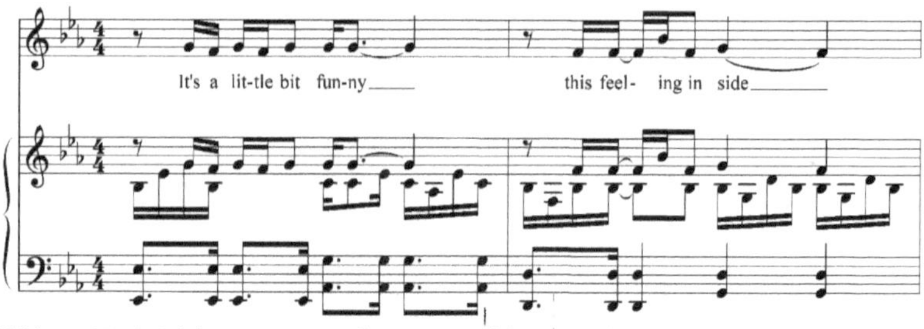

Abbildung 107: Die Subdominante mit großer Septime auf dem Wort „funny" prägt maßgeblich den wehmütigen Charakter dieser Passage.[1]

Auch bei unseren Tests wurde die Subdominante mit großer Septime als wehmütig eingestuft. Die Probanden des Basis-Tests, Teil A (siehe S. 115), ordneten das folgende Musikbeispiel (Abbildung 108), das auf der Subdominante mit großer Septime schließt, aus fünf Optionen zu 91 % dem Begriff „Sommertraum" zu. Dabei haben wir vorausgesetzt, dass der Begriff „Sommertraum" ein Gefühl von Wehmut impliziert, weil man normalerweise nur vom Sommer träumt, wenn es gerade nicht oder nicht mehr Sommer ist, die Vorstellung von einem *Sommertraum* also ein Zusammentreffen der Gefühle von Bedauern und Lust miteinschließt und somit prinzipiell den oben genannten Begriffsdefinitionen entspricht.

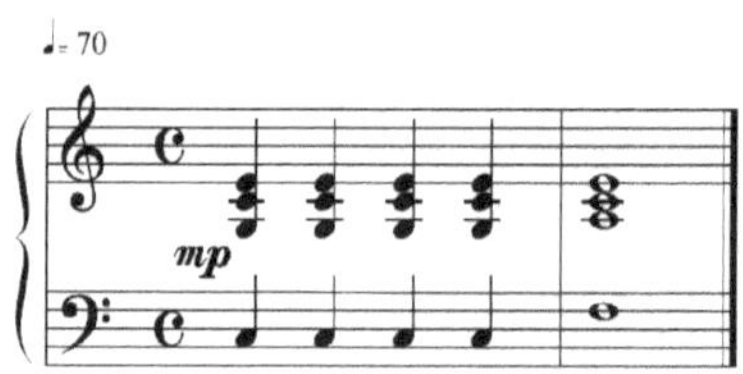

Abbildung 108: Aus fünf Musikbeispielen wählten die Probanden dieses Musikbeispiel zu 91 % als zum Begriff „Sommertraum" passend aus. Es schließt auf der Subdominante mit großer Septime (BW).

Beim Rocky-Test (siehe S. 112) wurden die folgenden beiden Musikbeispiele als Untermalung einer Märchenszene, in der es um Abschied geht, angeboten. 93 % der Probanden entschieden sich für das folgende Musikbeispiel (Abbildung 109). Es enthält die Subdominante mit großer Septime, deren wehmütige Wirkung durch die Strebetendenz-Theorie hergeleitet wird.

[1] Vgl. John, E. (1969), Your Song, online unter URL: https://www.musicnotes.com/sheetmusic/mtd.asp?ppn=MN0040043 [25.03.2019].

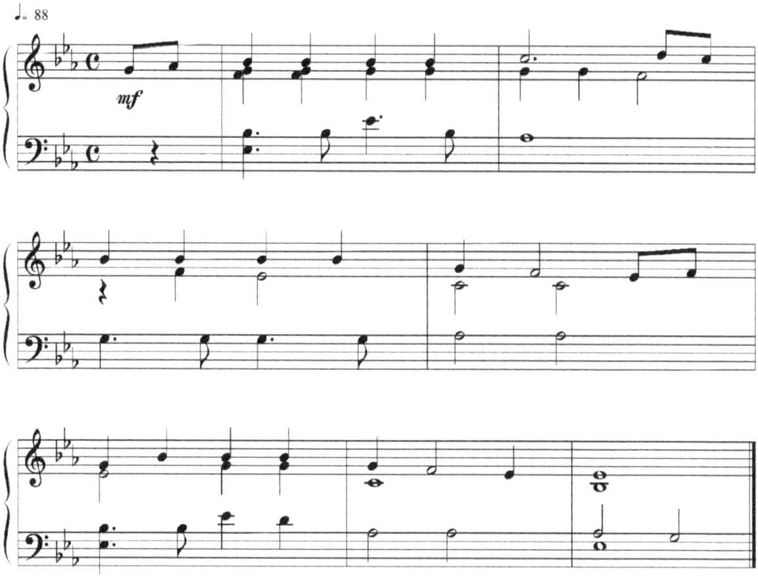

Abbildung 109: Dieses Musikbeispiel wurde zu 93 % gegenüber dem folgenden als zu einer wehmütigen Abschiedsszene passend präferiert (BW).

Obwohl das folgende Beispiel (Abbildung 110) in seinem harmonischen Aufbau (Tonika-Subdominante, Tonika-Dominante) dem ersten ähnlich ist, wurde es lediglich von 7 % der Probanden als zur Abschiedsszene passend ausgewählt. Nach unserer Einschätzung war der unbeschwerte Charakter der Subdominante ausschlaggebend dafür, dass die Mehrzahl der Probanden dieses Beispiel ablehnte.

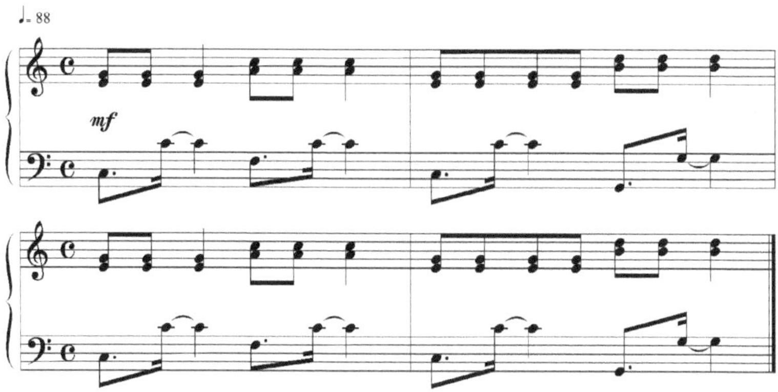

Abbildung 110: Dieses Musikbeispiel wurde von nur 7 % der Probanden als passend zu einer Szene des wehmütigen Abschieds ausgewählt (BW).

2.15 Die Subdominante mit Sixte ajoutée in Dur: Geborgenheit

Der Begriff Sixte ajoutée bezeichnet seit Jean-Philippe Rameau die zu einem Dreiklang hinzugefügte große Sexte. Nach Rameau steht die Sixte ajoutée auf der Subdominante. In C-Dur ist die Subdominante F-Dur. Wenn wir der Subdominante noch die große Sexte hinzufügen, ergibt sich beispielsweise der Vierklang *f-a-c*^{1}*-d*^{1}. Die Strebeeigenschaften der Sixte ajoutée wurden von Diether de la Motte (1983, 54) so beschrieben: *„Quinte und Sext drängen als Dissonanz auseinander."* Diese Formulierung übernimmt Martin Anton Schmid (vgl. 2012, 42).

Wendet man auf diesen Klang das Prinzip der Strebetendenz-Theorie an und tauscht die Beschreibungen von Strebeeigenschaften aus durch die Vorstellung von Willensinhalten, die diesen „Strebungen" entgegengerichtet sind, dann wird das „Auseinanderstreben" gegenteilig zum „Zusammenbleiben-Wollen". Durch diese Umformulierung ist der Charakter dieses Klangs bereits beschrieben: Er ist Ausdruck von inniger Zweisamkeit, Liebe, einem Gefühl warmer Geborgenheit.

Zu Beginn der Sonate op. 31 Nr. 3 (Abbildung 111) breitet Ludwig van Beethoven den Klang der Subdominante mit Sixte ajoutée über eine Länge von drei Takten aus und verleiht ihm dadurch eine für den ganzen Satz charaktergebende Rolle. In der Analyse des Musikwissenschaftlers Jürgen Uhde (1974, 79) findet sich die auffällige Übereinstimmung mit dem oben hergeleiteten Charakter der Geborgenheit. Da heißt es:

> *„Lange Zeit schien mir in dieser 3. Sonate (gegenüber der aufbrechenden 1. und der in alle Bereiche der Phantasie [!] ausschweifenden 2. Sonate) etwas wie Geborgenheit artikuliert zu sein,..."*

In dieser Analyse untersucht Uhde (1974, 79) auch die von der Sixte ajoutée zur Tonika zurückführende Kadenz und stellt dabei die Frage: *„Ist solche Rückkehr schon Heimkehr in die Geborgenheit?"*

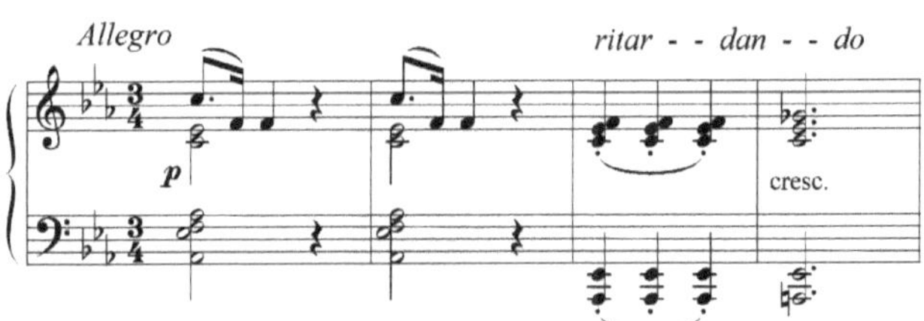

Abbildung 111: Im Sinne der Strebetendenz-Theorie kann die Subdominante mit Sixte ajoutée ein Gefühl warmer Geborgenheit zum Ausdruck bringen, was zu Beginn der Sonate op. 31 Nr. 3 von Ludwig van Beethoven nachempfunden werden kann (vgl. Beethoven 1953, 50).

Das folgende Musikbeispiel (Abbildung 112) zeigt noch einmal den Anfang der betreffenden Beethovensonate, jedoch haben wir hier die Subdominante mit Sixte ajoutée durch einen dominantischen Akkord ersetzt. Das Gefühl von Geborgenheit geht der Strebetendenz-Theorie entsprechend dadurch verloren.

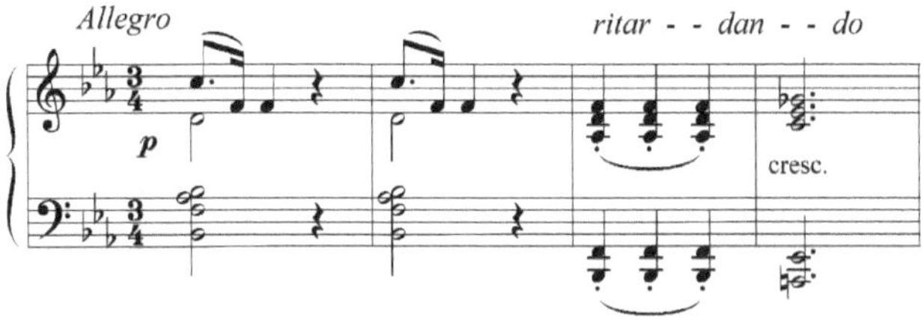

Abbildung 112: Durch den Austausch der Subdominante mit Sixte ajoutée durch einen dominantischen Klang verändert sich der Klangcharakter dieser Passage (vgl. Beethoven 1953, 50).

Im Lied *Die Uhr* (Abbildung 113) von Carl Loewe klingt die Subdominante mit Sixte ajoutée in Takt 49, wenn es im Text heißt *„sie schlug am Traualtar"*. Der Klang ist der Strebetendenz-Theorie entsprechend passend zu einem Gefühl der Geborgenheit, das man mit dem Begriff *Traualtar* assoziieren kann.

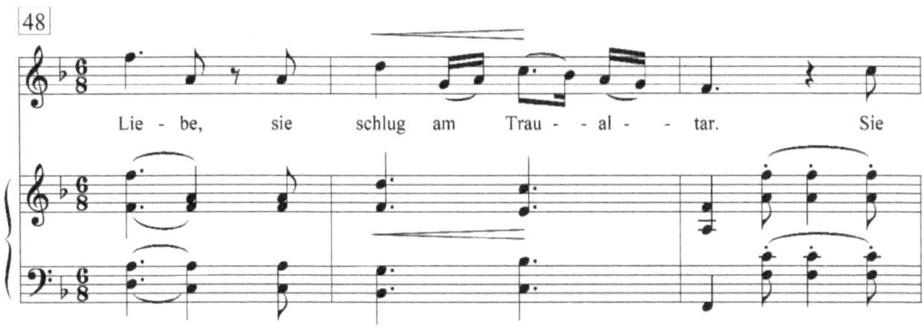

Abbildung 113: Bei der Passage „Sie schlug am Traualtar" erscheint auf dem ersten Viertel von Takt 49 die Subdominante mit Sixte ajoutée (vgl. Loewe 1919, 3).

Die Subdominante mit Sixte ajoutée als Ausdruck von Geborgenheit setzt Franz Schubert auf dem ersten Viertel in Takt 11 des Liedes *Im Frühling* (Abbildung 114) ein, gleichsam eine Reminiszenz an die Geborgenheit vergangener glücklicher Zeiten.

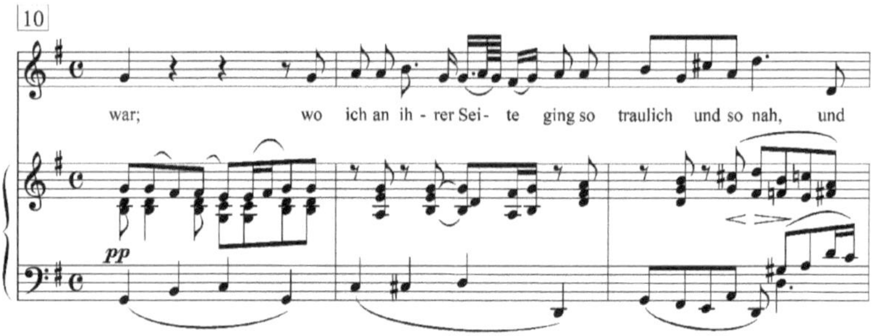

Abbildung 114: Im Lied ‚Im Frühling' erscheint die Subdominante mit Sixte ajoutée als Kontrast zur gegenwärtigen Situation (vgl. Schubert und Schulze o.J., 227).

Das erste Viertel von Takt 14 und Takt 15 im selben Lied (Abbildung 115) bringt noch einmal die Subdominante mit Sixte ajoutée auf der Passage *„den schönen Himmel blau und hell, und sie im Himmel sah"*. Auch hier setzt Schubert Kontraste: Die Subdominante mit Sixte ajoutée, die im Sinne der Strebetendenz-Theorie Geborgenheit ausdrücken kann, steht hier für die gedankliche Flucht aus der schmerzvollen Realität in eine Glücksvorstellung von der Zeit, als die Geliebte noch lebte.

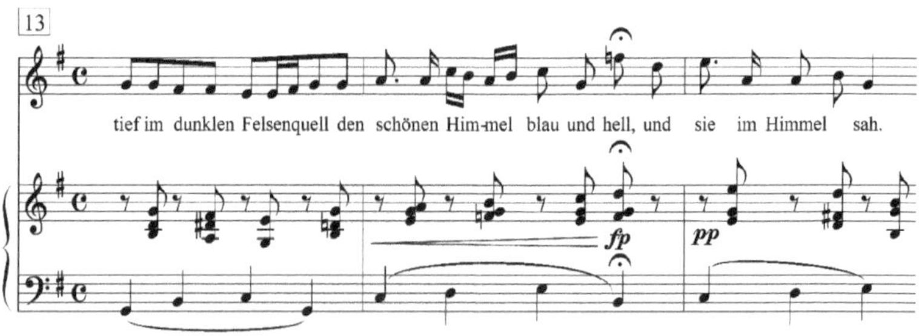

Abbildung 115: Die Subdominante mit Sixte ajoutée steht hier auf dem ersten Viertel in Takt 14 und 15 (vgl. Schubert und Schulze o.J., 227).

Diese Wirkung der Subdominante mit Sixte ajoutée zeigte sich auch bei den Präferenzen der Probanden in unseren Tests. Beim Basis-Test, Teil B (siehe S. 116), sollte der Schlussakkord der folgenden zwei Musikbeispiele hinsichtlich seines Charakters von Geborgenheit beurteilt werden. 95% der Probanden wählten das erste Beispiel (Abbildung 116). Die unterschiedliche emotionale Bewertung der Schlussakkorde dieser beiden Musikbeispiele mag manchen verwundern, sind die Schlussakkorde in beiden Beispielen doch identisch. Jedoch besteht ein Unterschied insofern, dass der Schlussakkord im zweiten Beispiel (Abbildung 117) aufgrund der vorausgehenden Klänge keine subdominantische Funktion hat, weswegen er sogar den Ausdruck von Verlorenheit annehmen kann. Die Wahl der Probanden zeigt deutlich die unterschiedliche emotionale Wirkung genau desselben Klangs in Abhängigkeit von dessen harmonischer Funktion.

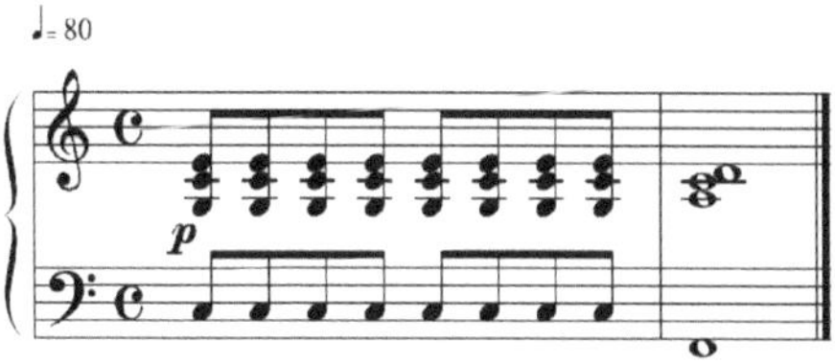

Abbildung 116: Der Schlussakkord dieses Musikbeispiels wurde zu 95 % als zum Begriff ‚Geborgenheit' passend ausgewählt, es handelt sich dabei um eine Subdominante mit Sixte ajoutée (BW).

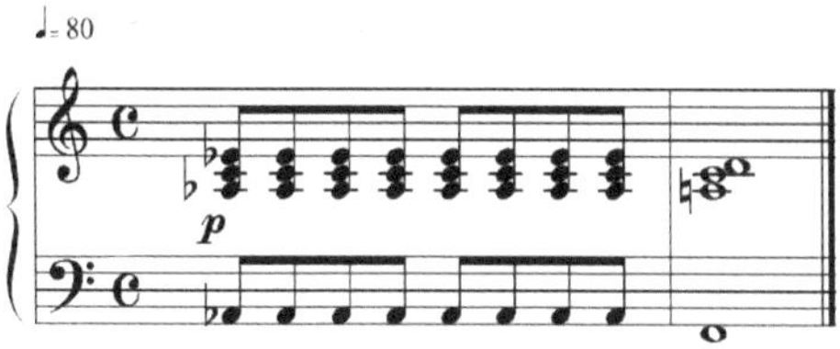

Abbildung 117. Der Schlussakkord dieses Musikbeispiels ist identisch mit dem aus Abbildung 116. Trotzdem wurde er kaum als Ausdruck von Geborgenheit bewertet, weil ihm die Klänge im ersten Takt keine subdominantische Funktion zuweisen (BW).

Beim Rocky-Test (siehe S. 112) sollten die Probanden von den folgenden zwei Musikbeispielen dasjenige auswählen, das zu einer Szene von Geborgenheit passt. 93% der Probanden wählten das erste Beispiel (Abbildung 118), das die Subdominante mit Sixte ajoutée enthält. Das zweite Beispiel (Abbildung 119), in gleicher Faktur, was Tempo und Dynamik betrifft, enthält diese Harmonie aber nicht.

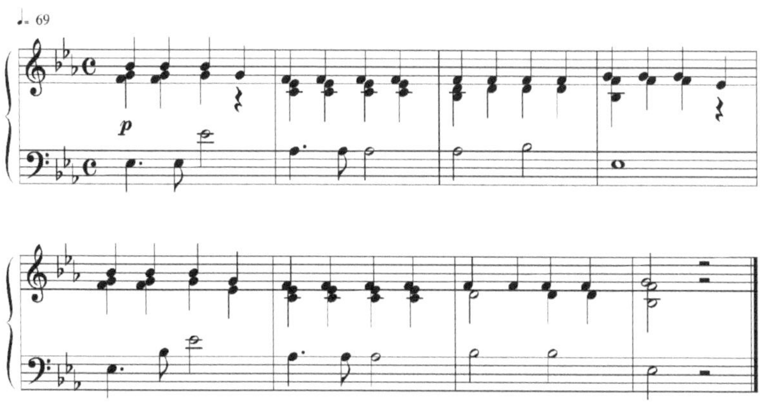

Abbildung 118: 93% der Probanden ordneten dieses Musikbeispiel einer Szene zu, in der es um Geborgenheit geht (BW).

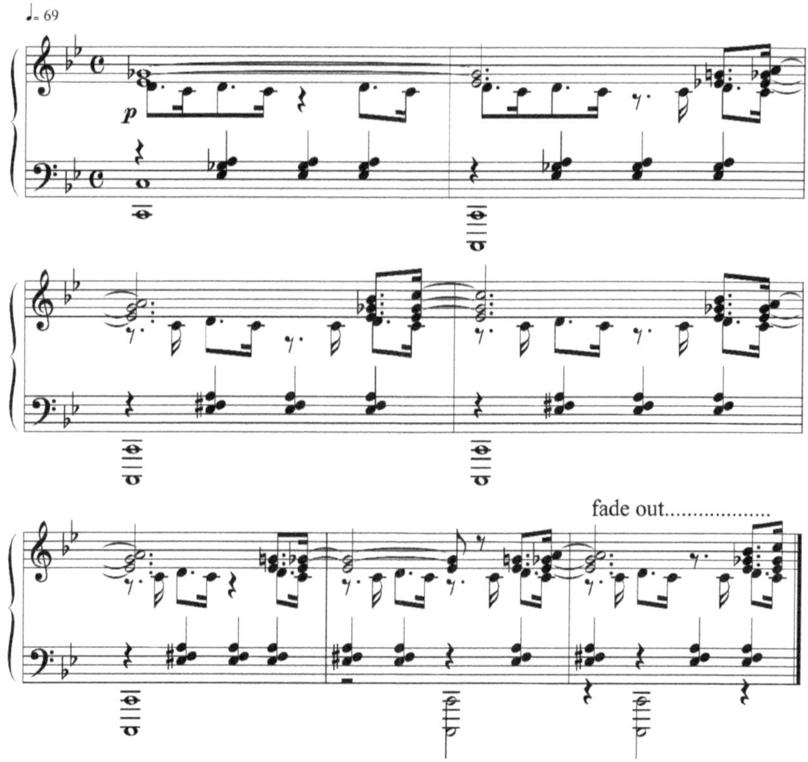

Abbildung 119: Dieses Musikbeispiel enthält verminderte Septakkorde mit Dissonanztrübungen. Obwohl es leise und ruhig ist, wählten es nur 7 % der Probanden als passend zu einer Szene aus, die Geborgenheit thematisiert (BW).

2.16 Die Subdominante mit Sixte ajoutée in Moll: Einsam und trostlos

In c-Moll ist die Mollsubdominante mit Sixte ajoutée beispielsweise der Vierklang *f-as-*c^1*-*d^1. Die Strebetendenz-Theorie beschreibt diesen Klang als Ausdruck von Einsamkeit und Trostlosigkeit und begründet das folgendermaßen: Wie bei der Sixte ajoutée in Dur finden wir auch hier die „auseinanderstrebende" Sekunde (Motte 1983, 54), bei der sich der Hörer mit einem Gefühl des Zusammenbleiben-Wollens identifiziert. Da die Grundharmonie nun aber ein Mollakkord ist, erscheint dieser Ausdruck vor dem emotionalen Hintergrund eines Gefühls des Nicht-Einverstandenseins. Aus dem „geborgenen Zusammenbleiben-Wollen" bei der Entsprechung in Dur wird hier ein „unglückliches Zusammenbleiben-Wollen". Eine solche Willensregung entspricht einem Gefühl, das man beispielsweise mit Einsamkeit oder Liebeskummer assoziiert.

Schubert eröffnet mit diesem Klang seine *Winterreise*. Im neunten Takt des ersten Liedes *Gute Nacht* (Abbildung 120) aus diesem Zyklus stellt er mit der Subdominante mit Sixte ajoutée in Moll das emotionale Thema der gesamten *Winterreise* vor: Verlassenheit, Liebeskummer, Einsamkeit.

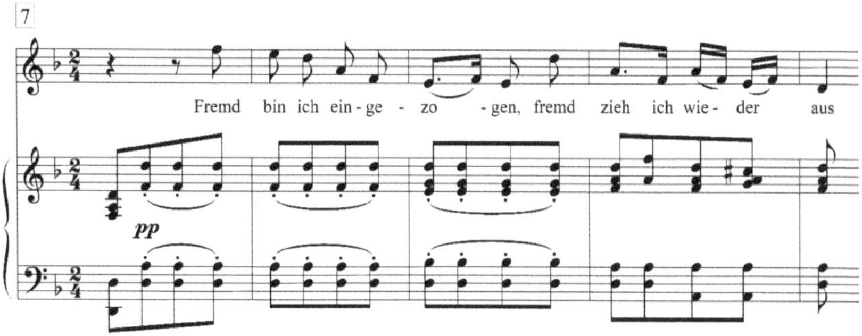

Abbildung 120: Die Sixte ajoutée in Moll kann ein Gefühl von Einsamkeit ausdrücken. Franz Schubert eröffnet mit diesem Klang die ‚Winterreise', um die allumfassende Thematik des Werkes vorzustellen (vgl. Schubert und Müller 1985, 54).

Die Sixte ajoutée in Moll verleiht auch dem Jazzstandard *Georgia on my Mind* (Abbildung 121) von Hoagy Carmichael und Stuart Gorrell eine Stimmung von Schwermut, Einsamkeit und Verlorenheit. Sie findet sich auf dem zweiten Achtel, wenn das Wort *„Georgia"* zum zweiten Mal erklingt. Allerdings steht hier die Sexte im Bass. Dieser Klang findet sich transponiert als „Tristan-Akkord" im Vorspiel von Richard Wagners Oper *Tristan und Isolde* (siehe S. 99ff), wo er eine ähnliche Wirkung hat.

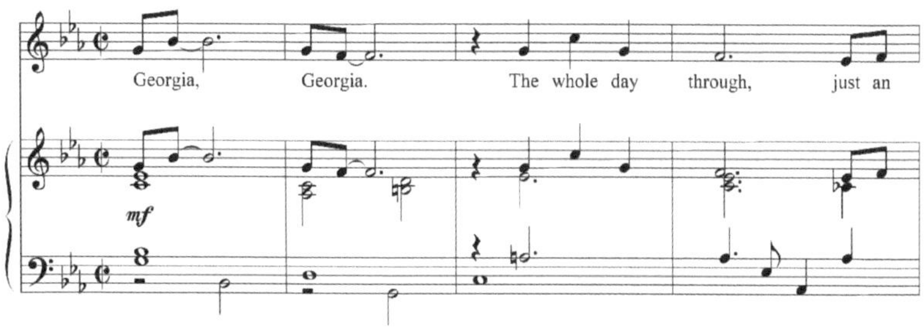

Abbildung 121: Die schwermütige, verlorene Wirkung des Songs ‚Georgia On My Mind' begründet die Strebetendenz-Theorie mit der Sixte ajoutée in Moll auf dem ersten Viertel des zweiten Taktes (vgl. Carmichael und Gorrell 1959).

Von fünf kurzen Musikbeispielen des Basis-Tests, Teil A (Siehe S. 115), wählten die Probanden das folgende (Abbildung 122) zu 96 % als zum Begriff „Einsamkeit" passend aus. Es schließt auf der Mollsubdominante mit Sixte ajoutée.

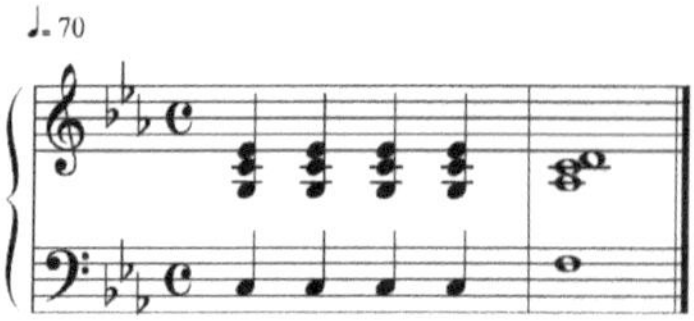

Abbildung 122: Die Strebetendenz-Theorie beschreibt die Mollsubdominante mit Sixte ajoutée als Ausdruck von Einsamkeit. Im Basis-Test ordneten die Probanden dieses Musikbeispiel aus fünf angebotenen Beispielen zu 96 % dem Begriff ‚Einsamkeit' zu (BW).

Beim Rocky-Test (siehe S. 112) wurden die folgenden zwei Musikbeispiele zur Auswahl für eine Märchenszene vorgespielt, die von Trennung und Einsamkeit handelt. Das erste Musikbeispiel (Abbildung 123) verwendet die Mollsubdominante mit Sixte ajoutée. Das zweite (Abbildung 124) beginnt auch in Moll, enthält aber keine Mollsubdominante mit Sixte ajoutée. Die Probanden präferierten zu 91 % das erste Musikbeispiel.

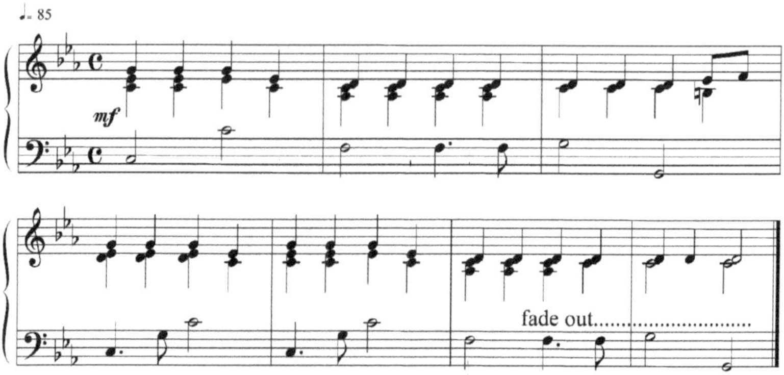

Abbildung 123: Dieses Musikbeispiel enthält in Takt zwei und Takt sechs die Mollsubdominante mit Sixte ajoutée. Von 91 % der Probanden wurde es als passend zu einer Szene ausgewählt, die Einsamkeit thematisiert (BW).

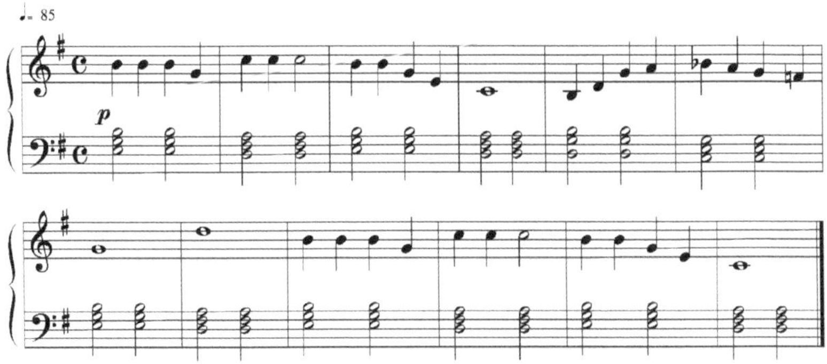

Abbildung 124: Obwohl dieses Musikbeispiel in einer Molltonart steht und von auffallend statischer Faktur ist, was nach allgemeiner Auffassung einer gedrückten Stimmung entspricht, wurde es von lediglich 9% der Probanden als passend zu einer Stimmung von Einsamkeit ausgewählt (BW).

2.17 Quintfallsequenzen: Von Mal zu Mal besser

Der Begriff „Quintfallsequenz" beschreibt eine Folge von Akkorden, bei denen der Grundton jedes neu einsetzenden Akkords eine Quinte tiefer liegt als beim vorangegangenen. Ein Beispiel wäre etwa die Folge E-Dur, A-Dur, D-Dur, G-Dur und so weiter. Solche Klangfolgen wurden bereits im Barockzeitalter, in der Klassik und der Romantik verwendet. Auf die Beliebtheit von Quintfallsequenzen im Barock verweist beispielsweise Diether de la Motte (vgl. 1983, 112f). Doch findet die Harmoniefolge auch heute noch vielfach Verwendung in Schlagern, in der Popmusik oder im Jazz. Nach wie vor kommt der Quintfallsequenz die Funktion einer Reizharmoniefolge zu, der man oft am Höhepunkt eines Musikstücks begegnet.

Wie ist die Wirkung von Quintfallsequenzen psychologisch zu verstehen? Die Strebetendenz-Theorie erklärt dies so: Bei einer Quintfallsequenz wandern die Harmonien im Quintenzirkel abwärts, also ist jeder Akkord sozusagen die Subdominante des vorangegangenen. Der zweite Akkord ist die Subdominante des ersten, der dritte die Subdominante des zweiten, der vierte die Subdominante des dritten und so weiter. So gewinnt der Hörer den Eindruck, das Klanggeschehen würde Schritt für Schritt immer „subdominantischer". Der Wechsel von der Tonika zur Subdominante wird durch die Strebetendenz-Theorie als Ausdruck der Gelöstheit, der Stimmungssteigerung und der Freude beschrieben. Ist nun jeder Akkord die Subdominante des vorangegangenen, so wird die unbeschwerte Stimmung der Musik mit jedem neuen Akkord gesteigert, jeder neue Klang bringt einen neuen Höhepunkt, so dass die Wirkung sich Schritt für Schritt steigert und theoretisch unendlich angehoben werden kann.

Vergleichbar ist dieses Prinzip mit der Drehbewegung eines Korkenziehers, dessen Gewinde man beobachtet: Wir drehen den Griff im Kreis herum, haben aber den Eindruck, das Gewinde würde sich immer weiter in eine Richtung fortbewegen, obwohl sich in Wirklichkeit gar nichts verändert. Doch unendlich funktioniert die Steigerung von Quintfallsequenzen nur theoretisch. Denn wird das Prinzip überspannt, reißt die Stimmung schnell ab. Zu viele Sequenzen erwecken den Eindruck von *„Banalität"* (Motte 1983, 113). Auch müssen nicht alle Klänge der Quintfallsequenz Durakkorde sein. Erscheint zwischendurch ein Mollakkord, so „würzt" das die Musik, ohne dass die Gesamtwirkung verloren geht. Man gewinnt dann den Eindruck, die Musik enthielte Orientierungspunkte innerhalb der Harmoniefortschreitung, die Stimmungssteigerung vollziehe sich nicht gleichförmig, sondern wellenartig. So kann man dem Problem entgegenwirken, vor dem Diether de la Motte (1983, 114) warnt, wenn er sagt: *„Bei längeren Sequenzen verliert der Hörer den funktionellen Bezug."*

Beispiele für Quintfallsequenzen finden sich in zahlreichen Werken der Klassik und Romantik, etwa im zweiten Impromptu D 899 von Franz Schubert (1974, 15f) ab Takt 25. In der populären Musik findet man Quintfallsequenzen beispielsweise in den Stücken *Les feuilles mortes* von Joseph Kosma und Jacques Prévert, *Sorry Seems To Be The Hardest Word* von Elton John, *You Never Give Me Your Money* von den Beatles, *Europa* von Carlos Santana oder *Und für mein Mädchen* von Reinhard Mey. Auch im Jazz sind Quintfallsequenzen verbreitet. Meistens erscheinen die Akkorde da unter Hinzunahme von weiteren Dissonanzen. In *Europa* (Abbildung 125) von Carlos Santana steht die Quintfallsequenz in der Klangfolge g-Moll, c-Moll, F-Dur, B-Dur, Es-Dur.

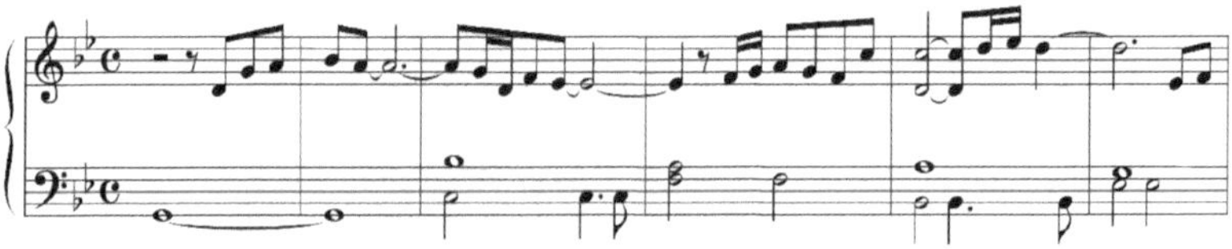

Abbildung 125: Ein populäres Beispiel für die Verwendung von Quintfallsequenzen ist ‚Europa' von Carlos Santana.[1]

2.18 Der Neapolitanische Sextakkord: Symbol des Todes

Der Neapolitanische Sextakkord wird häufig als Mollsubdominante mit kleiner Sexte statt Quinte gedeutet. Er ist der Durakkord, der einen Halbton über der Grundtonart steht. In c-Moll wäre der Neapolitanische Sextakkord Des-Dur. Die Terz steht zumeist im Bass, sodass der ganze Klang beispielsweise aus den Tönen *f*, *as* und *des*[1] besteht. Der Klang wirkt ausgesprochen schmerzlich und findet deswegen entsprechende kompositorische Verwendung. Diether de la Motte (1983, 90) sagt zum Neapolitanischen Sextakkord:

[1] Vgl. Santana, C., & Coster, T. (1976). Europa, online unter URL: https://www.musicnotes.com/sheetmusic/mtd.asp?ppn=MN0016208 [25.03.2019].

„Es ist wichtig, zu bedenken, daß [!] dieser Akkord noch zur Bach-Zeit intensivstem Ausdruck der Klage und des Schmerzes vorbehalten war und keinesfalls als pures Akkordmaterial mißverstanden [!] werden darf." (Motte 1983, 90)

Bei der Anwendung der Strebetendenz-Theorie auf diesen Akkord gingen wir davon aus, dass sich seine Leittoneigenschaften, während er klingt, verändern. Die Wirkung des Akkords ist dann folgendermaßen erklärbar:

Spielt man nach einer Kadenz in Moll den neapolitanischen Sextakkord, erscheint dieser zunächst als Durakkord, der aufgrund des chromatischen Schrittes, durch den er erreicht wurde, für Verwirrung sorgt. Im Zuge der Orientierung zur Ausgangstonart hin erscheint der Klang zunehmend dissonant und mehr und mehr von Leittönen erfüllt. Der Neapolitanische Sextakkord beschreibt den Wandel eines Gefühls des Einverstandenseins zur Identifikation mit einem Willen, der sich mehr und mehr gegen eine „drohende" Veränderung richtet, also den Wandel eines Gefühls des Einverstandenseins zu einem Gefühl der Verzweiflung.

Ohne auf diesen „Wandel" im klingenden Akkord hinzuweisen, bestätigt Arnold Feil (1975, 71) das Zusammentreffen zweier verschiedener Charaktere im Neapolitanischen Sextakkord. Er sagt *„Man hört ihn* [den neapolitanischen Sextakkord, d. Verf.] *schneidend dissonant (was er ‚an sich' nicht ist),..."*. Nach unserer Erklärung würde das heißen: Man hört ihn zunächst konsonant, kurz darauf schneidend dissonant.

Die Möglichkeit des Wandels vom Durakkord zum Neapolitanischen Sextakkord wird durch folgenden Hinweis im Moser Musiklexikon (1955, 856) bestätigt: *„Man kann übrigens auch jeden andern Dur-Dreiklang ‚neapolitanisieren', z.B. denjenigen der Tonika..."*, was wir derart interpretieren, dass ein neapolitanischer Sextakkord auch dann als ein solcher erfahren werden kann, wenn man ihn zunächst nicht als solchen wahrgenommen hat.

2.18.1 Der Neapolitanische Sextakkord bei Franz Schubert

Die folgenden Beispiele zeigen die Verwendung des Neapolitanischen Sextakkords bei Franz Schubert. Der verwendet diesen Klang in auffälliger Häufigkeit dann, wenn der Text vom Tod handelt. Aber auch dann, wenn im Text von Verschwinden oder Vergänglichkeit die Rede ist, findet man den Akkord. Dies gibt uns Anlass zur Annahme, dass Schubert auch belangloses Verschwinden oder alltägliches Fortgehen als Symbol des Todes interpretiert. Das Lied *Am Feierabend* (Abbildung 126) aus dem Zyklus *Die schöne Müllerin* beschreibt die Szene einer geselligen Runde, in der der Meister lobende Worte für seine Gesellen findet. Dann heißt es: *„Und das liebe Mädchen sagt allen eine gute Nacht."* Im Takt vor den Worten *„Allen eine gute Nacht"* erklingt plötzlich im Klavierpart der neapolitanische Sextakkord. Arnold Feil verweist auf die schmerzhafte Wirkung dieses Klangs: *„Diese Wirkung wird durch den Einsatz melodischer und harmonischer Mittel so verstärkt, daß [!] dem empfindsamen Zuhörer die überraschende Vorwegnahme des zweiten ‚allen...'* [vor den Worten *„allen eine gute Nacht"*, d. Verf.] *‚im Klavierpart' (Takt 56) wie ein Stich ins Herz fährt."* (Feil 1975, 70)

Franz Schubert deutet den an sich harmlosen Abschied der Müllerin *„gute Nacht"* offensichtlich als Vorbote für das unglückliche Ende der Liebe und des späteren Todes des Müllers.

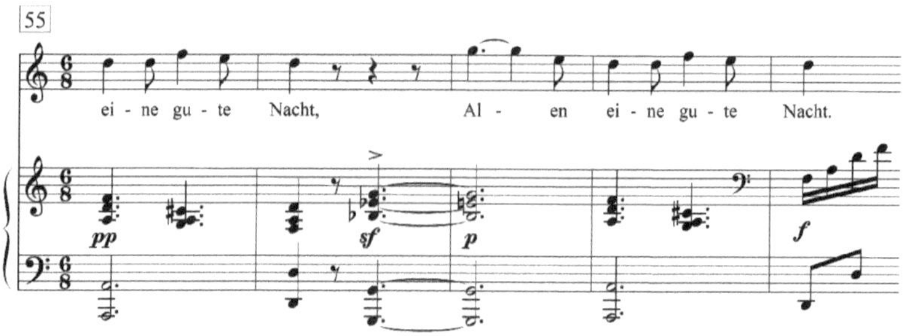

Abbildung 126: Der neapolitanische Sextakkord auf dem vierten Achtel von Takt 56 wirkt nach Arnold Feil ‚wie ein Stich ins Herz' (vgl. Schubert und Müller 1985, 16).

Eine typische Verwendung des Neapolitanischen Sextakkords als Symbol des Todes findet sich in Takt 20 des Liedes *Die böse Farbe* (Abbildung 127) von Franz Schubert. Der Akkord erscheint beim Wort *„totenbleich"*. In den folgenden Strophen steht der Neapolitanische Sextakkord bei den Worten *„das eine Wörtchen Ade"* und *„reiche mir zum Abschied deine Hand"*. Auch dies kann man als Todessymbolik interpretieren.

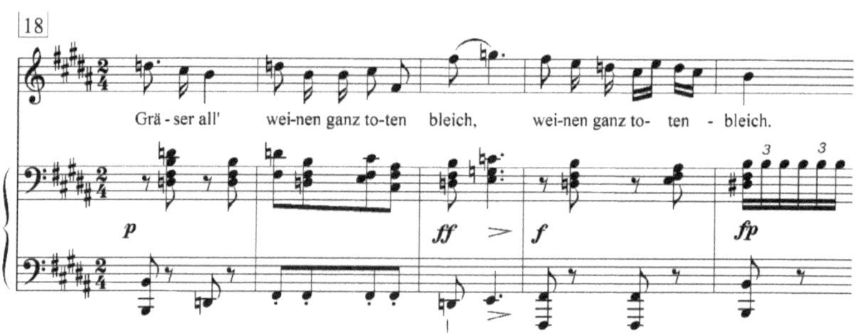

Abbildung 127: Der neapolitanische Sextakkord steht im Lied ‚Die böse Farbe' auf dem Wort „totenbleich" (vgl. Schubert und Müller 1985, 43).

Im Lied *Der Müller und der Bach* (Abbildung 128) erscheint der Neapolitanische Sextakkord mehrmals. Zunächst beim Wort *„Lilien"* in Takt 8. Die welkenden Lilien kann man als Symbol des Todes interpretieren.

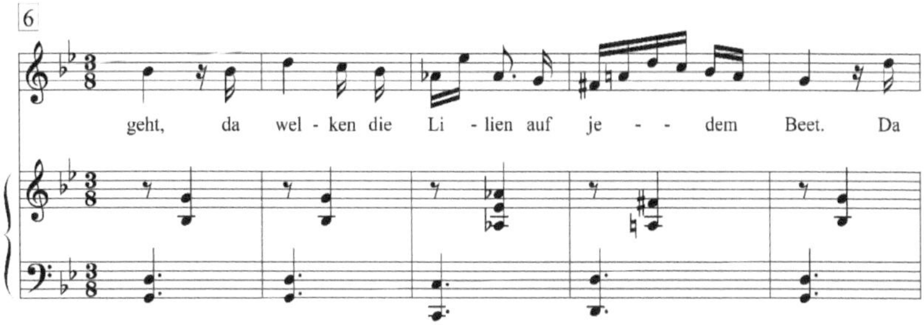

Abbildung 128: Der Neapolitanische Sextakkord steht auf dem Wort „Lilien" (vgl. Schubert und Müller 1985, 49).

Später erscheint der Neapolitanische Sextakkord auf dem Wort *„Tränen"* (Abbildung 129), wenn es im Text heißt *„Da muss in die Wolken der Vollmond gehn, damit seine Tränen die Menschen nicht sehn"*. Auch hier kann das an sich harmlose Verschwinden des Mondes als Symbol des Todes interpretiert werden.

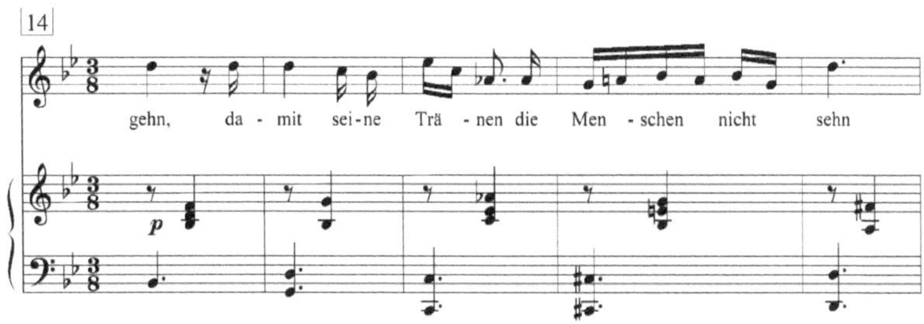

Abbildung 129: Der Neapolitanische Sextakkord steht hier auf dem Wort „Tränen" (vgl. Schubert und Müller 1985, 49).

In Takt 25 (Abbildung 130) steht der Neapolitanische Sextakkord auf dem Wort *„singen"*, wenn es im Text heißt *„und schluchzen und singen die Seele zur Ruh"*.

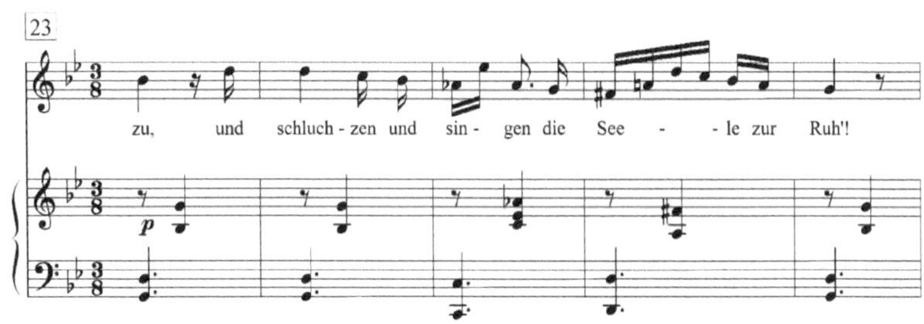

Abbildung 130: Der Neapolitanische Sextakkord steht hier bei den Worten „singen die Seele zur Ruh!" (vgl. Schubert und Müller 1985, 49).

In Takt 67 (Abbildung 131) erscheint der neapolitanische Sextakkord bei den Worten *„weißt du"*, wenn es im Text heißt *„ach, Bächlein, aber weißt du, wie Liebe tut?"* Auch diese Frage kann man als Hinweis auf den Tod interpretieren, denn die unglückliche Liebe endet tödlich.

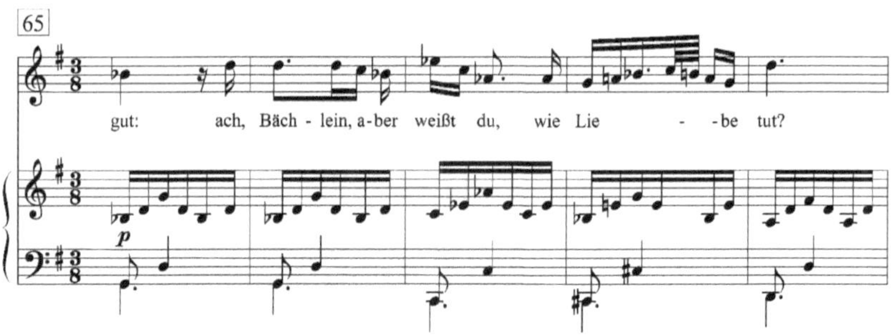

Abbildung 131: In Takt 67 steht der Neapolitanische Sextakkord auf den Worten „weißt du, wie Liebe tut?" (vgl. Schubert und Müller 1985, 51)

Auch in der *Winterreise* verwendet Schubert den neapolitanischen Sextakkord auf diese Weise. Die Klaviertriolen nach den Worten *„bis ich die Erde, die Erde seh"* in Takt 46 des Liedes *Erstarrung* (Abbildung 132) enthalten den Neapolitanischen Sextakkord. Schubert weist damit auf die Erde als ein Symbol des Grabes und somit des Todes hin.

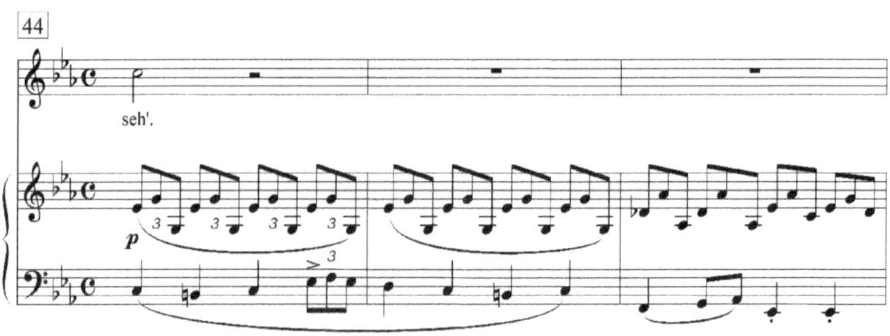

Abbildung 132: Die Klaviertriolen in Takt 46 enthalten den Neapolitanischen Sextakkord auf dem ersten Viertel (vgl. Schubert und Müller 1985, 62).

In Takt 38 des Liedes *Irrlicht* (Abbildung 133) steht der Neapolitanische Sextakkord auf dem dritten Achtel, wenn es im Text heißt *„jeder Strom wird's Meer gewinnen, jedes Leiden auch sein Grab."* Auch hier ist er Symbol des Todes.

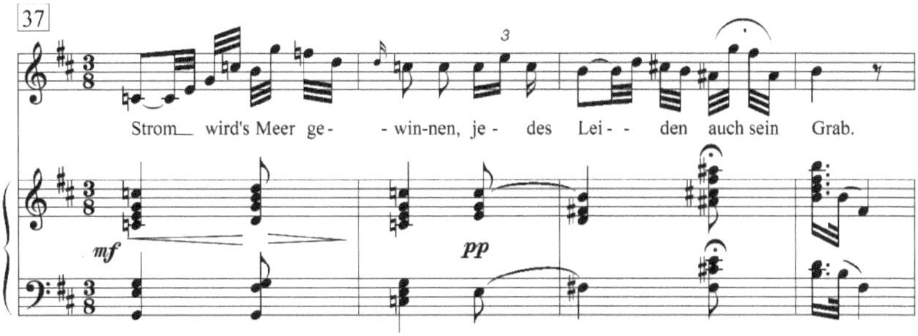

Abbildung 133: Der Neapolitanische Sextakkord in Takt 38 des Liedes ‚Irrlicht' wird als Symbol des Todes gebraucht (vgl. Schubert und Müller 1985, 83).

In Takt 23 des Liedes *Frühlingstraum* (Abbildung 134) erscheint der Neapolitanische Sextakkord über dem Orgelpunkt *a* bei den Worten *„da war es kalt und finster"*, die wieder als Symbol des Todes interpretiert werden können. Durch den Orgelpunkt erscheint der Klang zusätzlich erstarrt.

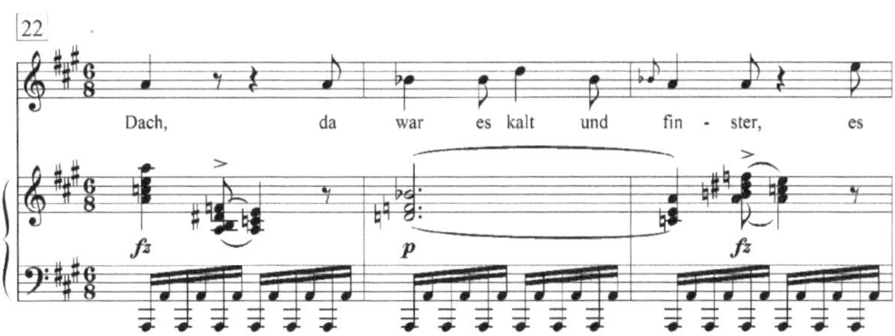

Abbildung 134: Im Lied ‚Frühlingstraum' erklingt der Neapolitanische Sextakkord bei den Worten „da war es kalt und finster" (vgl. Schubert und Müller 1985, 87).

Offensichtlich ist die Bedeutung des Neapolitanischen Sextakkordes als Symbol des Todes im Lied *Die Krähe*. Eine Krähe folgt hier dem Wanderer, der glaubt, sie warte auf seinen Tod, um ihn dann als Beute fassen zu können. Der Neapolitanische Sextakkord findet sich im Klaviervorspiel (Abbildung 135) und im Klaviernachspiel des Liedes.

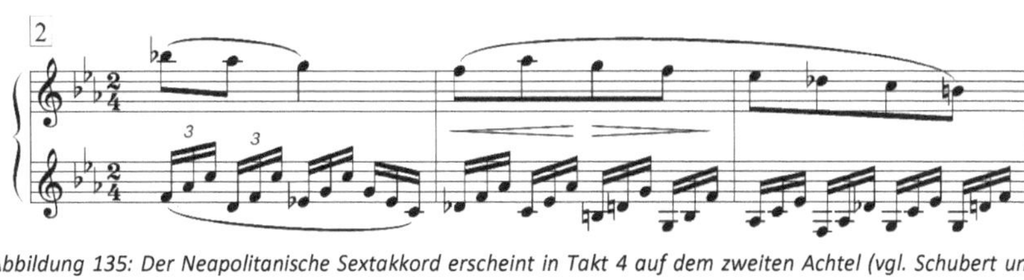

Abbildung 135: Der Neapolitanische Sextakkord erscheint in Takt 4 auf dem zweiten Achtel (vgl. Schubert und Müller 1985, 98).

2.18.2 Der Neapolitanische Sextakkord bei anderen Komponisten

Auch andere Komponisten verwendeten den Neapolitanischen Sextakkord in ähnlichem Kontext wie Franz Schubert. Im Lied *Hör' ich das Liedchen klingen* (Abbildung 136) von Robert Schumann geht es um einen Mann, der die *„Liebste"* verlor. Der Neapolitanische Sextakkord erscheint hier auf dem zweiten Viertel in Takt 10, wenn es im Text heißt *„will mir die Brust zerspringen von wildem Schmerzendrang."*

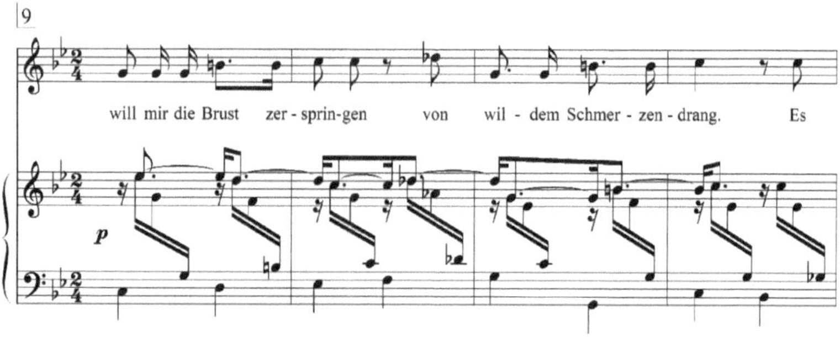

Abbildung 136: Der Neapolitanische Sextakkord in Takt 10 ist Ausdruck des Schmerzes (vgl. Schumann und Heine o.J., 124).

Im zweiten Satz *Denn alles Fleisch es ist wie Gras* im *Requiem* (Abbildung 137) von Johannes Brahms geht es um Todestragik und Vergänglichkeit. Der Neapolitanische Sextakkord erklingt in Takt 28, wenn es im Text heißt *„Denn alles Fleisch es ist wie Gras und alle Herrlichkeit des Menschen wie des Grases Blumen."*

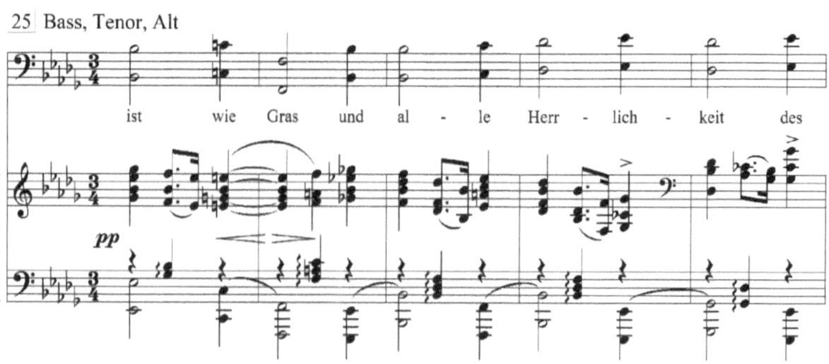

Abbildung 137: Im Satz „Denn alles Fleisch es ist wie Gras" setzt Johannes Brahms den Neapolitanischen Sextakkord ein (vgl. Brahms, Ein deutsches Requiem op. 45/Klavierauszug o.J., 12).

2.18.3 Der Neapolitanische Sextakkord in der Popularmusik

In der Popularmusik finden wir den Neapolitanischen Sextakkord selten. Er erscheint beispielsweise im Song *Fall Again* von Walter Afanasieff und Robin Thicke. Der Text beschreibt einen verzweifelten Mann, der sich von einer Frau getrennt hat und sich wünscht, die Liebe noch einmal neu beginnen zu lassen. Da heißt es *„Feels like fire, burns in my heart, every single moment that we spend apart.“*

Im Lied *‚Ne me quitte pas‘* (Abbildung 138) von Jacques Brel und Gérard Jouannest fleht ein verzweifelter Mann eine Frau an, ihn nicht zu verlassen, indem er die Worte *„Ne me quitte pas“* ständig wiederholt, gleichsam sich selbst zerfleischend, wobei ihm seine eigene Würde zunehmend gleichgültig zu werden scheint. Parallelen zu den beiden Schubert-Zyklen sind hier offensichtlich. Die verlorene Liebe wird zum alles bestimmenden Lebensinhalt und schwankt zwischen Wahnsinn und Tod (vgl. Watrin 1990, 84-85). Bei den Worten *„ciel flamboie“* erklingt der Neapolitanische Sextakkord.

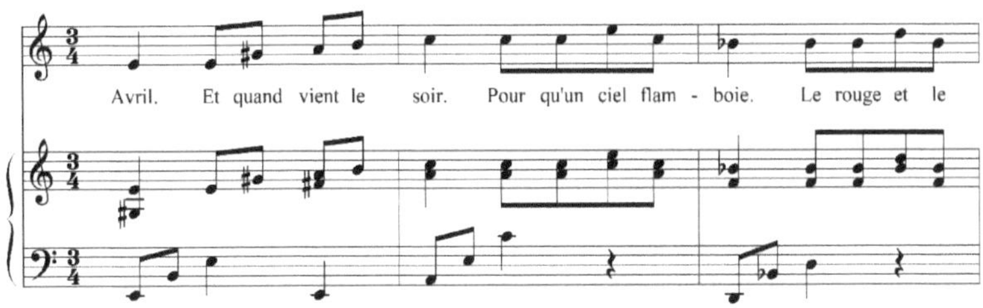

Abbildung 138: Im Lied ‚Ne me quitte pas‘ erscheint der Neapolitanische Sextakkord bei den Worten „ciel flamboie“.[1]

2.19 Der Tristan-Akkord: Einsamkeit zwischen Furcht und Hoffnung

Der Tristan-Akkord, im folgenden Notenbeispiel (Abbildung 139) in Takt 2 der Klang *f-h-dis¹-gis¹*, wird von Musiktheoretikern in seiner harmonischen Funktion unterschiedlich diskutiert. Zumeist versucht man, den Klang im Spannungsfeld zwischen doppeldominantischem und dominantischem Bereich einzugliedern. So sagt Ernst Kurth (1968, 46): *„Die Grundform dieser ersten Kadenz ist: H^7-E^7, also eine dominantische Kadenz, (deren Ausklang selbst der Dominantakkord der Vorspieltonart a-Moll ist).“* Mitunter wurde der Akkord auch als *„Zwitterakkord“* (Vgl. Kurth 1968, 49) bezeichnet. Dabei ordnete man den Ton *f* der Tonart a-Moll und den Ton *dis* der Tonart e-Moll zu.

[1] Vgl. Brel, J., & Jouannest, G. (2016). Ne me quitte pas, online unter URL: https://musescore.com/user/5060416/scores/1658546 [03.03.1919].

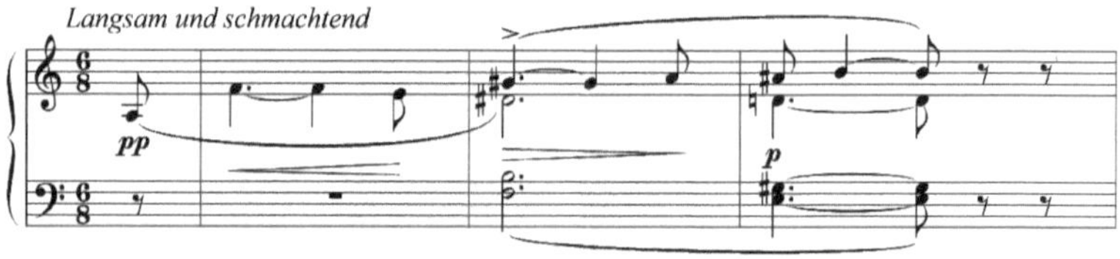

Abbildung 139: Der Tristan-Akkord mit den Tönen f, h, dis¹ und gis¹ im zweiten Takt ist Gegenstand zahlreicher Interpretationsansätze (vgl. Motte 1983, 225).

Unter dem Aspekt der Strebetendenz-Theorie ist es sinnvoll, die Verwirrung, die der Ton *f* im Tristan-Akkord auslöst, nicht durch eine eindeutige Akkordbezeichnung aus der Welt zu schaffen, sondern eben die Verwirrung bei der Beschreibung der Klangwirkung in die Analyse miteinzubeziehen. Der Auftakt *a* bildet mit dem Ton f^1 im ersten Takt eine kleine Sexte, die sich zur Quinte e^1 auflöst. Eine Wendung, die im Sinn der Strebetendenz-Theorie eine furchtsame Wirkung impliziert (siehe S. 105). Auch Deryck Cooke (1959, 190) bezeichnet diesen Tonschritt im Tristan-Vorspiel als *„anguish"*.

Doch wie lässt sich die Wirkung des „Tristan-Akkords" in Takt 2 beschreiben? Unserer Meinung nach fehlt dem Klang der vorwärtstreibende Charakter einer Doppeldominante. Vielmehr ist er nach einem Moment der Verwirrung Ausdruck von Verlorenheit, den wir von der Mollsubdominante mit Sixte ajoutée her kennen (siehe S. 88). Treffend sagt es Michael Weiser im *‚Tristan'-Alphabet des ‚Tristan-Kurier"* (Weiser 2015): *„Der Tristan-Akkord will sich nicht einfügen, steht richtungslos und verloren im Klangraum herum – und erzeugt im Hörer ein nämliches Gefühl."* Und in der Tat lässt sich der Tristan-Akkord als gis-Moll mit Sixtée ajoutée interpretieren. Ungewöhnlich ist lediglich die Sexte im Bass, wodurch sich sein Klangcharakter unserer Ansicht nach aber nicht wesentlich verändert. Auch ist der Klang Mollsubdominante, wenn wir an dieser Stelle von einer neuen Zwischentonika dis-Moll ausgehen.

Und die hätte im Folgenden weiter Gültigkeit. Denn wenn wir den Ton a^1 am Ende des zweiten Taktes enharmonisch als $gisis^1$, also als Terz von Eis7, auffassen, haben wir es mit einem doppeldominantischen Klang zu tun, der sich in Takt drei zur Dominante Ais-Dur mit tiefalterierter Quinte *e* auflöst. Nach dem Sekundschritt ais^1 zu h^1 im dritten Takt vollzieht sich aufgrund der sich durchsetzenden Grundtondominanz des *e* eine enharmonische Verwechslung. Ernst Kurth bezeichnet Enharmonik als *„Ausdruck einer Wandlung in den inneren Kräfteverhältnissen"* (1968, 62). Wenn wir die Strebetendenz-Theorie auf den musikalischen Vorgang der Enharmonik anwenden, müssen wir dabei ebenso den Vorgang eines Wandels berücksichtigen, der sich jetzt allerdings auf den emotionalen Ausdruck bezieht. Was sich aufgrund dieses Wandels herauskristallisiert, das ist der unerwartete Dominantseptakkord E7, durch den sich harmonisch wie emotional eine neue Perspektive erschließt und der daher als Ausdruck eines unerwarteten Hoffnungsschimmers spürbar werden kann.

Zusammenfassend versuchen wir die Wirkung der ersten Takte des Tristan-Vorspiels folgendermaßen zu formulieren: Als Aufeinanderfolge unterschiedlicher Stimmungsmomente von

Furchtsamkeit, trostloser Einsamkeit und plötzlichem Hoffnungsschimmer. Diese menschlich empfundene Aneinanderreihung von Gefühlsinhalten ist unserer Ansicht nach das Gegengewicht, das man neben der musiktheoretischen Analyse in die Waagschale werfen muss, um diesen Klang und seine bis heute ungebrochene Wirkung nachvollziehen zu können.

2.20 Schwerelos schwebend: Die Ganztonleiter

Die Ganztonleiter ist eine Skala, die nur aus Ganztonschritten besteht, beispielsweise aus den Tönen *c, d, e, fis, gis, ais* und *c*[1]. Das Strebeverhalten innerhalb der Ganztonleiter wird in der Musiktheorie zusammenfassend als nahezu erloschen umschrieben. Diether de la Motte (1983, 250) sagt hierzu: *„Jeder Ton der Skala* [der Ganztonleiter, d. Verf.] *kann mit jedem zusammenklingen, es gibt keine Dissonanzauflösung."* Michael Dachs und Paul Söhner (1974, 164) sagen in ihrer *Harmonielehre*: *„Ebenso wie bei der Fünfstufigkeit fehlt hier* [bei der Ganztonleiter, d. Verf.] *der Halbtonschritt und dadurch die Spannung. Beide Leitern und auch die aus ihnen gebildeten Akkorde drängen in ihrer Passivität nach keiner Lösung."*

Die Anwendung der Strebetendenz-Theorie auf Ganztonklänge ergibt Folgendes: Man kann sich bei der Ganztonskala kaum mit einem als gerichtet empfundenen Willen identifizieren. Der Charakter der Ganztonskala entspricht der Vorstellung eines Schwebens in Schwerelosigkeit.

In der Filmmusik finden solche Klänge vor allem dann Verwendung, wenn Zustände der Schwerelosigkeit musikalisch untermalt werden, wie etwa in Szenen unter Wasser, im Weltraum oder – subjektiv schwerelos – im Traum. Im Impressionismus wird die Ganztonskala als typisches Stilmittel verwendet. In *Cloches à travers les feuilles* (Abbildung 140) von Claude Debussy wird so die Vorstellung eines durch die Luft schwebenden Glockenklangs erzeugt.

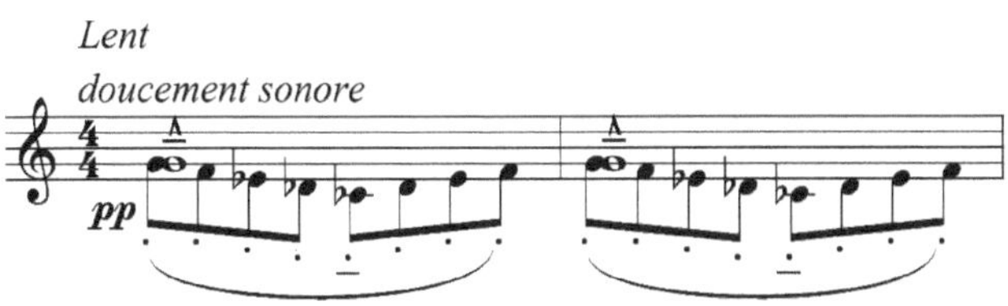

Abbildung 140: Die Verwendung der Ganztonleiter in ‚Cloches à travers les feuilles' aus ‚Images' von Claude Debussy erzeugt die Vorstellung eines durch die Luft schwebenden Glockenklangs (vgl. Debussy 1990, 1).

Die folgenden zwei Takte (Abbildung 141) wiederholen den Anfang des Stücks *Cloches à travers les feuilles*, jedoch haben wir statt der Ganztonleiter eine diatonische Folge von Tönen verwendet. Der Eindruck von Schwerelosigkeit ist nun verschwunden.

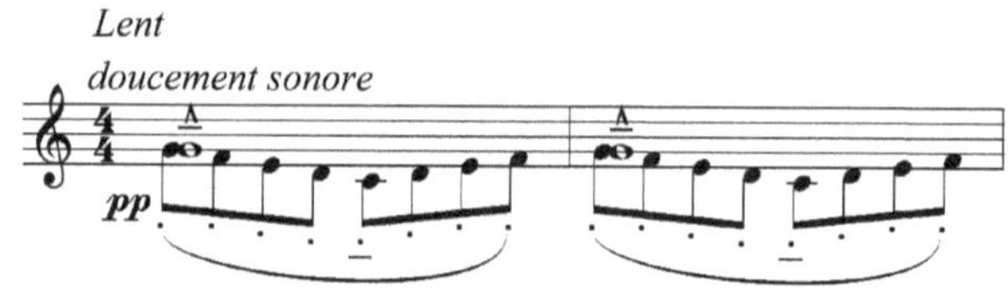

Abbildung 141: Weil die Ganztonleiter durch Diatonik ersetzt wurde, haben diese zwei Takte ihren schwebenden, schwerelosen Charakter verloren (vgl. Debussy 1990, 1).

Die Verwendung der Ganztonleiter im Vorspiel des Songs *You Are the Sunshine of My Life* (Abbildung 142) von Stevie Wonder wirkt gleichsam wie ein traumhaftes Davonschweben zum Himmel.

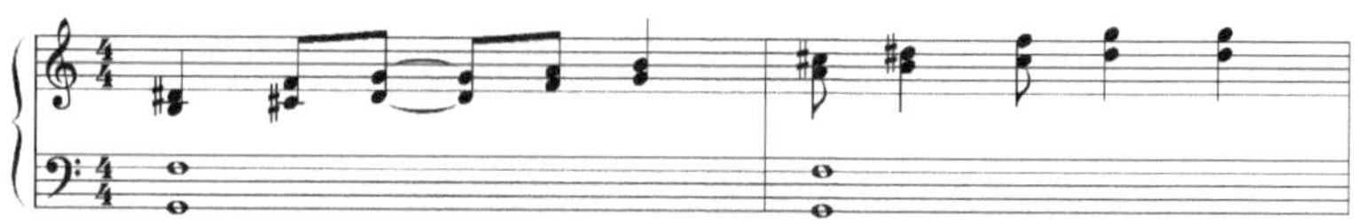

Abbildung 142: Die Ganztonleiter in ‚You Are the Sunshine of My Life' macht ein traumhaftes Davonschweben vorstellbar.[1]

In unseren Tests wurde die Wirkung der Ganztonfolge mit der einer diatonischen verglichen. Beim Basis-Test, Teil B (siehe S. 116), war die Frage, welches der beiden folgenden Musikbeispiele besser zu einer Szene unter Wasser passe. Die beiden Musikbeispiele sind sich sehr ähnlich, doch das erste (Abbildung 143) basiert auf der Ganztonskala, das zweite (Abbildung 144) auf einer diatonischen Skala. Die Probanden wählten das erste mit einer Mehrheit von 95 %.

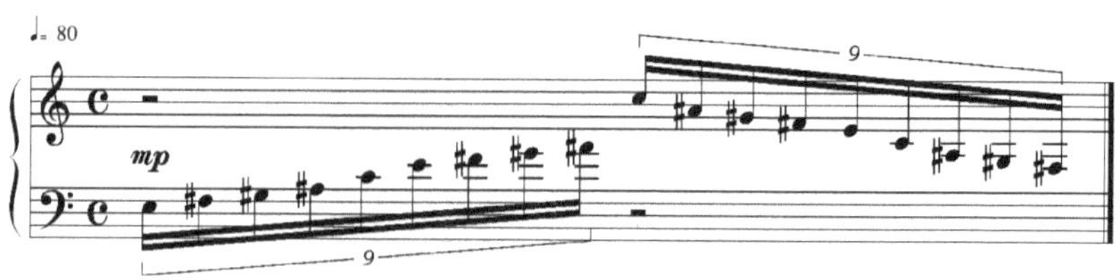

Abbildung 143: Das Musikbeispiel auf der Ganztonskala wurde mit einer Mehrheit von 95% als passend zu einer Szene unter Wasser ausgewählt (BW).

[1] Vgl. Wonder, S. (1972). You are the Sunshine of my Life, online unter URL: https://www.musicnotes.com/sheetmusic/mtd.asp?ppn=MN0071050 [25.03.2019].

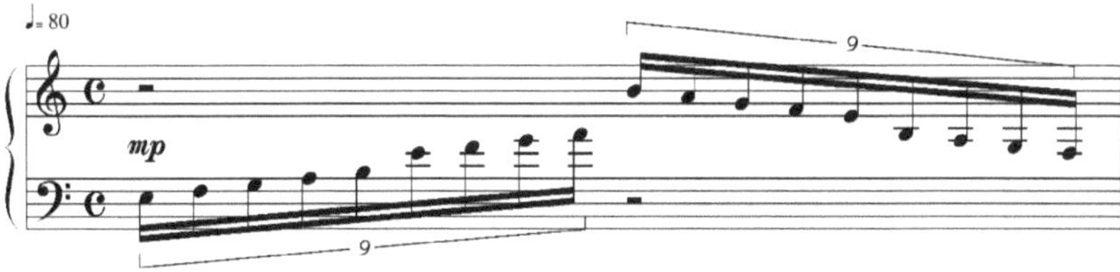

Abbildung 144: Obwohl dieses diatonische Musikbeispiel dem oberen sehr ähnlich ist, wurde es nur von 5 % der Probanden als passend für eine Unterwasserszene ausgewählt (BW).

Beim Rocky-Test (siehe S. 112) standen die folgenden beiden Musikbeispiele als Untermalung einer Unterwasserszene zur Auswahl. Das erste Beispiel (Abbildung 145) besteht aus Klängen einer Ganztonskala, das zweite (Abbildung 146) aus Durakkorden. 84 % der Probanden präferierten das erste Musikbeispiel auf der Ganztonskala als zu der Szene passend.

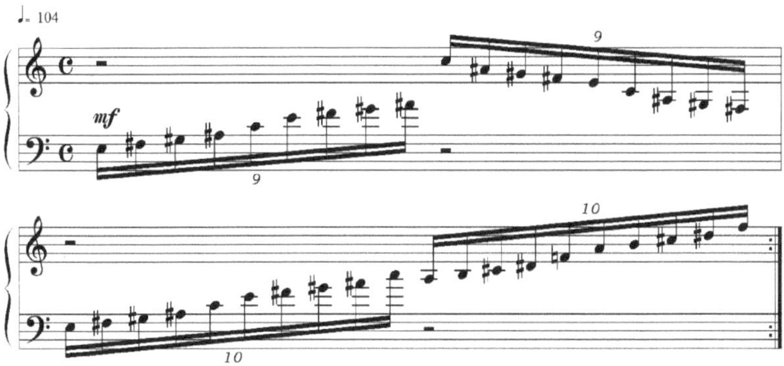

Abbildung 145: 84 % der Probanden wählten dieses Musikbeispiel mit den Ganztonklängen als besser zu einer Unterwasserszene passend (BW).

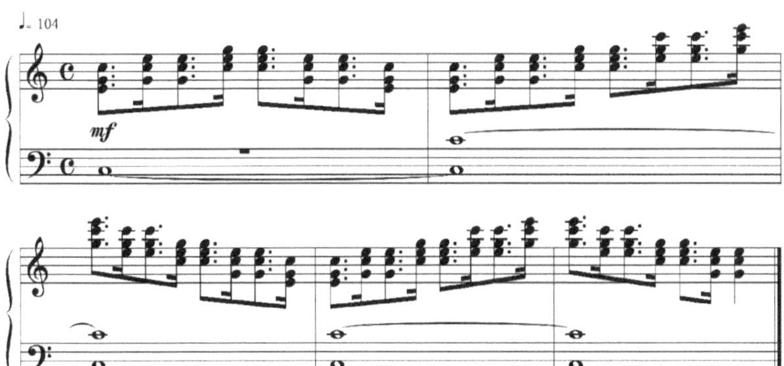

Abbildung 146: Dieses Musikbeispiel, das aus Durakkorden besteht, wurde nur von 16% der Probanden als zur Unterwasserszene passend ausgewählt (BW).

2.21 Die Quinte klingt gespenstisch

Eine Quinte (Abbildung 147) ist das Intervall zwischen einem Grundton und den um sieben Halbtonschritte höheren Ton. Ist der Grundton c^1, dann besteht das Intervall aus den Tönen c^1 und g^1. Eine Quinte kann der Strebetendenz-Theorie entsprechend seelenlos und geisterhaft wirken, wenn wir sie als Dreiklang ohne Terz hören. Denn dann ist sie charakterisiert durch das Fehlen der Terz, die im Dreiklang ja den „Willensinhalt" in sich trägt. Das Moser Musiklexikon (H. J. Moser 1955, 1001) führt Beispiele an, in denen die Quinte *„Ausdruck des Schauerlichen oder Öden"* ist. Das Ullstein-Musiklexikon (Herzfeld 1965, 431) nennt die Klangwirkung der Quinte *„gespenstisch"*.

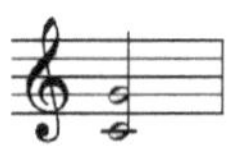

Abbildung 147: Leere Quinten können gespenstisch klingen (BW).

Das Vorspiel der Oper *Der fliegende Holländer* von Richard Wagner, von dem der Beginn in Abbildung 148 als Klavierauszug notiert ist, beginnt mit leeren Quinten. Sie machen die genannte Ausdrucksmöglichkeit dieses Intervalls offensichtlich. *Reclams Opern- und Operettenführer* spricht hier vom *„unheimlichen Klang seiner leeren Quinten"* (Zentner 1991, 200). Robert Gutman (1970, 42), Professor an der State University of New York und Wagner-Biograph, beschreibt diese Atmosphäre sehr anschaulich:

> *„Die leeren Quinten zu Anfang entführten Richard zurück in Kindertage, als ihm das Orchesterstimmen oder der bloße Klang einer Quinte wie Geisterbotschaft erschien, und Geister schienen auch durch dieses magische Intervall beschworen zu werden. Aus diesen frühen Assoziationen und aus dem Geisterhaften [...] sollte er später das geheimnisvolle Thema des ‚Fliegenden Holländers' entwickeln, [...]."*

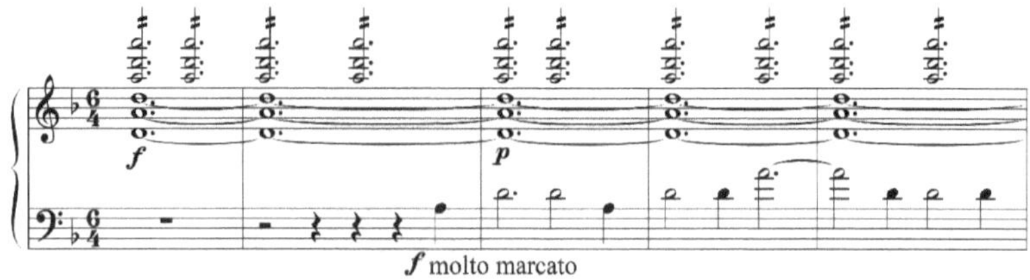

Abbildung 148: Das Vorspiel der Oper ‚Der fliegende Holländer' von Richard Wagner beginnt mit leeren Quinten (vgl. Wagner 2002).

Die gespenstische Wirkung der Quinten ist auch in *Le Gibet* (Abbildung 149) aus *Gaspard de la nuit* von Maurice Ravel spürbar. Dabei kann man sich dem Titel entsprechend vorstellen, wie das Gerippe eines Gehenkten am Galgen baumelt.

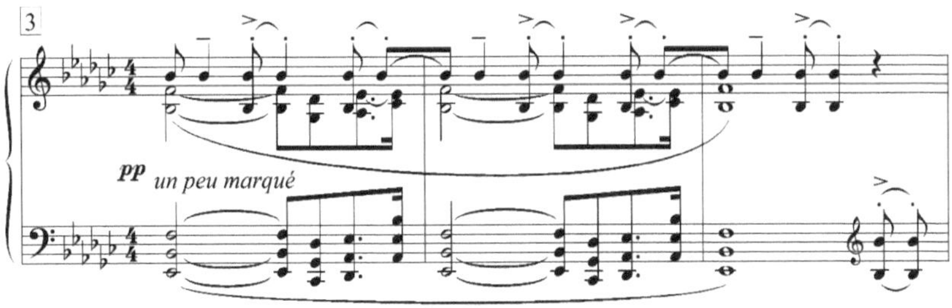

Abbildung 149: In ‚Le Gibet' aus ‚Gaspard de la nuit' erzeugen Klänge mit Quinten eine gespenstische Stimmung (vgl. Ravel 2010, 15).

2.22 Die kleine Sexte wirkt furchtsam

Eine kleine Sexte (Abbildung 150) ist das Intervall mit dem Abstand von acht Halbtönen. Ist der untere Ton *c*[1], dann besteht das Intervall aus den Tönen *c*[1] und *as*[1]. Wie die Quinte ist auch die kleine Sexte ein Beispiel dafür, dass nicht nur vollständige Akkorde Emotionen vermitteln können, sondern auch einzelne Intervalle. Hören wir eine kleine Sexte, so kann der Klang ein Gefühl von Furcht vermitteln. Darauf weist auch Deryck Cooke hin (1959, 90).

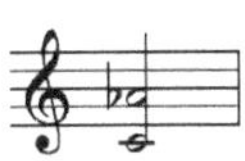

Abbildung 150: Der Klang der kleinen Sexte kann ein Gefühl von Furcht vermitteln (BW).

Wie lässt sich diese Wirkung erklären? Auf der Suche nach einer Antwort beobachteten wir, dass die furchtsame Wirkung der Sexte verschwindet, wenn man die Hörerwartung dahingehend beeinflusst, dass sie nicht mehr in der Auflösung des oberen Intervalltons nach unten in die konsonantere Quinte besteht. Auch Deryck Cooke (1959, 90) betont, dass die kleine Sexte dann ängstlich klingt, wenn wir sie innerhalb einer Molltonart mit der Auflösungserwartung in die Quinte verbinden: *„Semitonal tension down to the dominant, in a minor context: active anguish in a context of flux."* Die Hörerwartung lässt sich beispielsweise durch zusätzliche Klänge verändern, aufgrund derer die Sexte als Teil eines Durakkordes gehört wird, wie im folgenden Notenbeispiel (Abbildung 151) gezeigt wird.

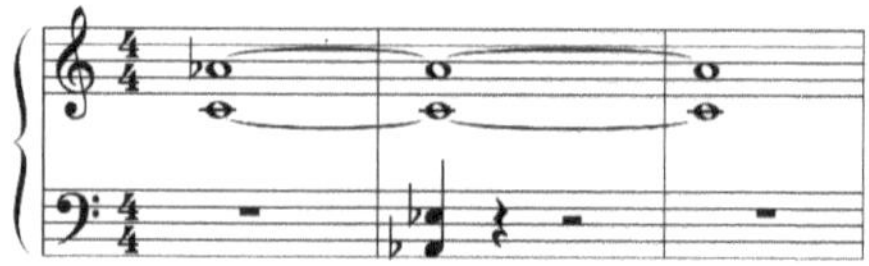

Abbildung 151: Spielt man zunächst eine kleine Sexte c^1-as^1 mit der rechten Hand, wie in diesem Musikbeispiel, danach die Quinte As-es mit der linken Hand laut im Bass, lässt dann die Quinte wieder los und konzentriert sich wieder auf die immer noch klingende kleine Sexte, dann vermittelt diese kein Gefühl von Ängstlichkeit mehr (BW).

Die furchtsame Wirkung der kleinen Sexte muss also im Zusammenhang mit der Erwartung der Auflösung in die Quinte stehen. Wendet man zur Erklärung dieser Wirkung das Prinzip der Strebetendenz-Theorie an und bezeichnet dieses Klangerlebnis nicht als *Strebung* der Sexte zur Quinte, sondern als Identifikation mit einem Willen gegen die Verwandlung der Sexte in die Quinte, steht man vor folgender Frage: Was könnte an der Quinte so schauerlich sein, dass wir bei der Identifikation mit einem Willen gegen die Auflösung in diesen Klang ein Gefühl von Ängstlichkeit wahrnehmen?

Wie im Abschnitt 2.21 erläutert, begründet die Strebetendenz-Theorie die gespenstische Wirkung der Quinte (siehe S. 104) mit der fehlenden Terz. Übernimmt man diese Beschreibung und wendet das Prinzip der Strebetendenz-Theorie auf die kleine Sexte an, so lässt sich das Hörerlebnis folgendermaßen erklären: Bei der kleinen Sexte identifiziert sich der Hörer mit einem Willen gegen eine Veränderung zum Gespenstischen hin. Wer sich aber mit einem Willen gegen etwas Gespenstisches identifiziert, der identifiziert sich - einfacher ausgedrückt - mit einem Gefühl der Angst.

Von den folgenden zwei Musikbeispielen des Basistests – einmal mit kleiner (Abbildung 152) und einmal mit großer Sexte (Abbildung 153) – sollten die Probanden dasjenige auswählen, das ihrer Meinung nach bedrohlicher klingt. Alle Probanden entschieden sich für das Beispiel mit der kleinen Sexte.

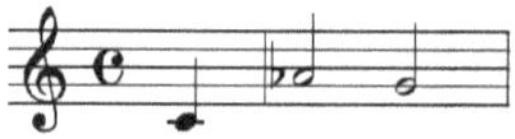

Abbildung 152: Die kleine Sexte wurde von allen Probanden als bedrohlicher als die große Sexte befunden (BW).

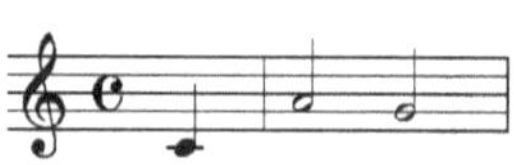

Abbildung 153: Die große Sexte wurde nicht als bedrohlich empfunden (BW).

2.23 Parallele Sexten klingen „kitschig"

Erscheinen parallele Sexten mehrmals hintereinander, so werden die Klänge schnell als „kitschig" befunden. Den Begriff „kitschig" verwenden wir in diesem Zusammenhang als Synonym für „proportional überladen". Morris Emett Wilson (1955, 114) beschreibt die Wirkung paralleler Sexten in seinem Buch *How to Play by Ear* folgendermaßen: *„Parallel sixths are sweet and tend to be sickish."*

Betrachten wir dazu das folgende Musikbeispiel in Abbildung 154. Es besteht aus einem viertaktigen Motiv, das im Folgenden, um eine Terz nach oben angehoben, wiederholt wird. Gehen wir nun davon aus, dass eine Anhebung der Tonhöhe, wie vielfach beschrieben, als Intensivierung des emotionalen Ausdrucks empfunden wird: *„It is clear that rising and falling pitch can express a rising and falling vitality in a given emotional context."* (Cooke 1959, 104). Demnach könnten die zweiten vier Takte des Musikbeispiels die emotionale Steigerung der ersten vier Takte darstellen.

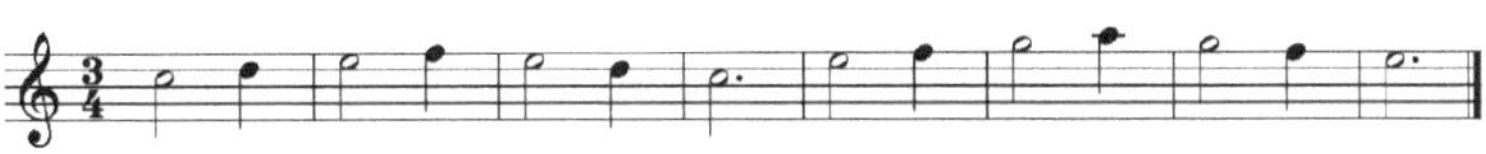

Abbildung 154: Bei diesem Musikbeispiel stellen die zweiten vier Takte eine emotionale Steigerung der ersten vier Takte dar (BW).

Ordnen wir jetzt die Töne der zweiten vier Takte über die Töne der ersten vier Takte an, so erhalten wir eine Folge von parallelen Terzen, wie im Musikbeispiel in Abbildung 155 notiert. Nach dem oben Gesagten ist jetzt die Führungsstimme im Sopran eine emotionale Steigerung der um eine Terz tieferen Begleitstimme.

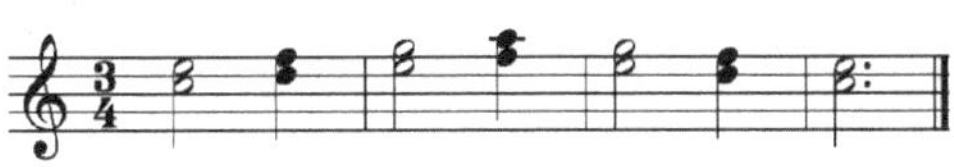

Abbildung 155: In diesem Musikbeispiel stellt die obere Stimme die emotionale Steigerung der unteren dar (BW).

Transponieren wir nun die oberen Töne dieser Terzbewegung um eine Oktave nach unten, so ergeben sich parallele Sexten (Abbildung 156). Dies erweckt nun den Eindruck, dass die höhere Stimme von der nach unten transponierten Melodie ihrer eigenen Steigerung begleitet würde. Dieses Missverhältnis von Hauptstimme und Begleitung kann nun den Eindruck von „kitschiger" Musik erzeugen.

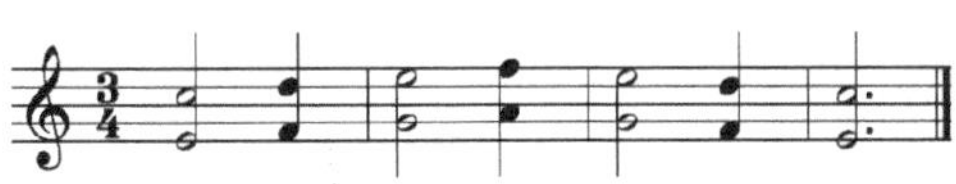

Abbildung 156: Hier spielt die untere Stimme die Melodie, die wir als um eine Oktave nach unten transponierte Steigerung der oberen Stimme empfinden können. Dies erzeugt den Eindruck, eine Melodie würde von ihrer eigenen Steigerung begleitet. Deswegen können diese Takte als „kitschig" empfunden werden (BW).

Ein Klavierstück, das trotz Welterfolg zuweilen der seichten Unterhaltungsmusik zugeordnet wird (vgl. Obermayer 2012, 24-29), ist die *Ballade pour Adeline* (Abbildung 157) von Paul Senneville. Sie wurde durch den Pianisten Richard Clayderman bekannt, ihr Hauptthema besteht aus einer langen Kette paralleler Sexten in der rechten Hand.

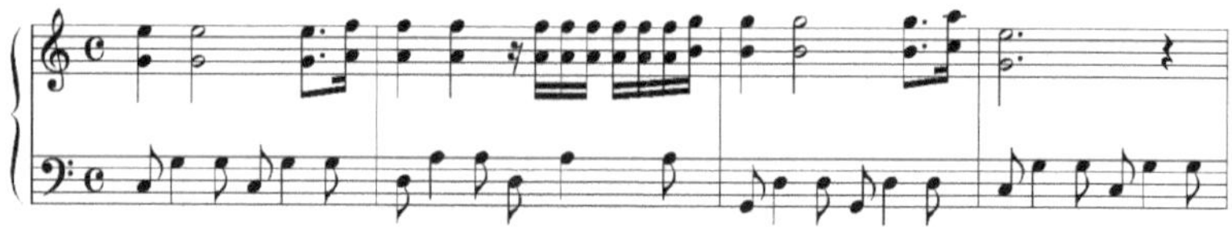

Abbildung 157: Das Klavierstück 'Ballade pour Adeline' besteht aus einer Anhäufung von parallelen Sexten und wird oftmals als „kitschig" wahrgenommen (vgl. Senneville 2011, 14).

2.24 Der Tritonus: Das Intervall des Teufels

Der Begriff „Tritonus" bezeichnet streng genommen das Intervall der übermäßigen Quarte. Ansonsten bezeichnet man mit Tritonus (Abbildung 158) jedes Intervall, dessen Töne mit einem Abstand von sechs Halbtönen auseinander liegen, beispielsweise das Intervall f^1-h^1. Früher wurde der Tritonus, möglicherweise aufgrund seines Klangcharakters, als *„Diabolus in musica"*, als Teufel in der Musik, bezeichnet. Das Intervall war zeitweise im Tonsatz verboten, später wurde es als auflösungsbedürftig behandelt. Hört man einen Tritonus, kann man sich nach unseren Beobachtungen vorstellen, im Raum lauere eine Gefahr, die man zwar erahnen, aber nicht näher beschreiben und nicht lokalisieren kann. Zur Verwendung des Tritonus in der Filmmusik schreibt der Filmkomponist Reinhard Kungel (2008, 75): *„Ging es im Kinofilm der 50er- und 60er-Jahre darum, ein Kriminellenmilieu oder auch nur ein zwielichtiges Nachtlokal musikalisch zu illustrieren, musste neben kleiner Terz und kleiner Septime vor allem die verminderte Quinte herhalten"*. Deryck Cooke (1959, 90) charakterisiert den Tritonus als *„‚augmented fourth', pure and simple, devilish and inimical forces"*.

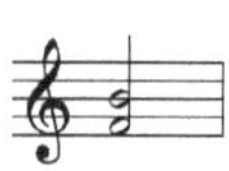

Abbildung 158: In früheren Zeiten wurde der Tritonus als „Diabolus in musica" bezeichnet (BW).

Wenn wir die Leittoneigenschaften des Tritonus betrachten, finden wir Entsprechungen zu seinen klangcharakterlichen Eigenschaften. Beim frei eintretenden Klang des Tritonus können wir zwar die Leittoneigenschaften seiner beiden Töne fühlen, die wir innerhalb der Durskala als Quarte und Septime interpretieren. Doch können wir nicht entscheiden, welcher seiner Töne Quarte und welcher Septime ist, also welcher nach oben und welcher nach unten weist (vgl. H. J. Moser, Musik Lexikon 1955, 685).

Folgendes Beispiel (Abbildung 159) zeigt, dass es tatsächlich an der Ambivalenz seiner Leittoneigenschaften liegt, dass dem Tritonus „teuflische" Eigenschaften zugeschrieben wurden und dass er auch heute noch ähnlich empfunden wird. Man spiele hierzu mit der rechten Hand einen Tritonus f^1-h^1, wie im folgenden Musikbeispiel, und achte auf seinen Klangcharakter. Dann spiele man zum weiterhin klingenden Tritonus in der linken Hand laut den Dreiklang *G-d-g*, den man gleich wieder loslässt, um den noch klingenden Tritonus erneut wahrzunehmen. Der Tritonus hat nun seinen „teuflischen" Charakter verloren. Nichts mehr deutet auf eine Gefahr hin, die irgendwo im Raum lauert. In musiktheoretischer Hinsicht ist Folgendes geschehen: Durch den hinzugefügten Klang G-d-g wurde der Tritonus Teil eines Dominantseptakkords, wodurch seine Leittöne eindeutig definiert sind. Diesen verwandelten Charakter behält der Tritonus auch dann, wenn die Töne der linken Hand verstummt sind. Die Leittöne des Tritonus sind jetzt gerichtet.

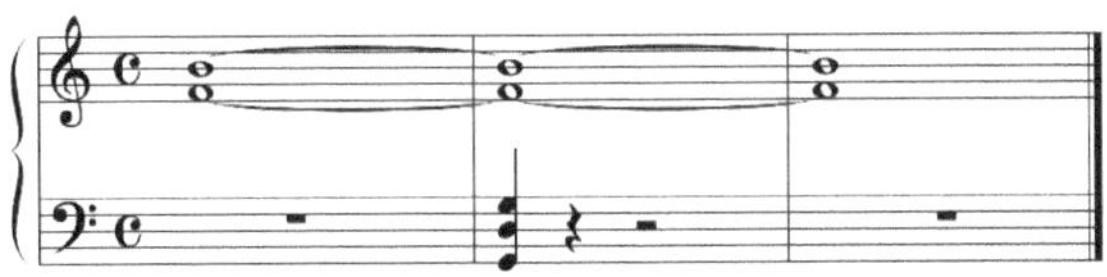

Abbildung 159: Durch das Hinzutreten und wieder Loslassen des Klangs G-d-g in der linken Hand verliert der Tritonus seine diabolische Wirkung (BW).

2.25 Emotionale Charaktere von Harmonien im Überblick

Im Folgenden sind die in diesem Buch besprochenen Klänge und die damit verbundenen Ausdrucksmöglichkeiten im Sinne der Strebetendenz-Theorie stichwortartig aufgelistet. In Klammern werden die Ränge genannt, die die jeweiligen Emotionen in der Reihenfolge der musikalisch darstellbaren Emotionen im Sinne der Grafik von Gunter Kreutz (siehe S. 16) einnehmen. Die ersten siebzehn Emotionen in der Studie von Kreutz entsprechen Emotionen, die wir in diesem Buch auf abstrakte Willensinhalte zurückgeführt haben, während die Emotionen auf den Rängen 18 bis 32 in der Studie von Kreutz unserer Ansicht nach nicht auf abstrakte Willensinhalte zurückgeführt werden können.

Dur-Tonika: Gefühl des nüchternen Einverstandenseins. (Freude: 1, Zufriedenheit: 15)

Dur-Tonika mit großer Septime: Wehmut und Sehnsucht. (Sehnsucht: 3)

Moll-Tonika: Trauer (leise), Zorn (laut). Ebenso alle anderen Emotionen, die der Haltung eines Nicht-Einverstandenseins entsprechen. (Trauer: 2, Wut: 6)

Äolisches Moll: Mut, Abenteuer, Spannung, Gefahr, Härte. (Anspannung: 16)

Dominante einer Durtonika: Bewegung, Aufbruch. Dominante einer Molltonika: Übernahme des Mollcharakters und Statik.

Zwischendominante: Wenn eine Molltonika als Auflösungsakkord erwartet wird: Starker Reizakkord, Ausdruck von schmerzlicher emotionaler Betroffenheit, von bitterer Enttäuschung. (Betroffenheit: 17, Schmerz: 4)

Septakkord: Widerstand, Protest, Aufmüpfigkeit, Weinerlichkeit, Weichlichkeit, Bremsen, Schrittbewegung (im Wechsel mit Tonika). Als Dominante einer Molltonika: Übernahme des Mollcharakters und Statik.

Verminderter Septakkord: Schrecken, Verzweiflung, Panik (laut). Melancholie, grüblerische Schwermut (leise). Steht der letztendlich erwartete Auflösungsakkord in Dur: Erschrecken, Koketterie, gespielte oder lustig dargestellte Verzweiflung. (Schmerz: 4, Verzweiflung: 11)

Septnonakkord mit kleiner None: Entsetzen, Panik, Schmerz. (Schmerz: 4, Verzweiflung: 11)

Septnonakkord mit großer None: Sensibilisierung, Öffnung der Sinne über schmerzliche Erfahrung, Sehnsucht, Schwärmerei. (Sehnsucht: 3)

Übermäßiger Dreiklang: Staunen, Wundern, erschreckende oder freudige Überraschung, Zauber, Verwandlung. (Überraschung: 14)

Subdominante in Dur: Gelöstheit, Entspannung, Überschwänglichkeit, Freude, Trunkenheit, Sieg, Feierlichkeit, euphorischer Höhepunkt, Jubel, Zufriedenheit. (Freude: 1, Entspannung: 9, Erleichterung: 13)

Subdominante in Dur mit großer Septime: Wie Subdominante, nur mit Wermutstropfen: Wehmut, Sehnsucht, Sehnsuchtstraum, Vergänglichkeitsgedanke im Glück. (Sehnsucht: 3)

Subdominante mit Sixte ajoutée in Dur: Geborgenheit, Gemütlichkeit, Treue, Warmherzigkeit, Zweisamkeit, Liebe, Freundschaft. Wenn Quintsextakkord nicht subdominantisch und nicht in äolischem Kontext: Verlorenheit. (Liebe: 7)

Sixte ajoutée in Moll: Trostlosigkeit, Einsamkeit, Verlassenheit, Liebeskummer. (Einsamkeit: 8)

Neapolitanischer Sextakkord: Verschwinden, Tod, Verlassenheit, endgültiger Schmerz, Abschied für immer. (Schmerz: 4)

Anfang des Tristan-Vorspiels: Erst Furcht, dann Gefühl von Verlassenheit und schließlich Hoffnungsschimmer. (Furcht: 10, Einsamkeit: 8, Hoffnung: 12)

Ganztonleiter: Zustände in Schwerelosigkeit, unter Wasser, im Weltall, im Traum.

Quinte: Öde, gespenstisch, schauerlich.

Kleine Sexte: Furcht, Bedrohung, Gefahr, Angst, Beklemmungsgefühle. Kein Charakter von Furcht, wenn als Teil eines Durklangs hörbar. (Furcht: 10)

Parallele Sexten: Kitschig.

Tritonus: Teuflisch, Gefühl einer lauernden Gefahr. (Unruhe: 5, Furcht: 10)

3 Empirischer Teil – Die Testreihen

Im Folgenden werden unsere Testreihen beschrieben, die teils mit über 2000 Probanden in vier Kontinenten durchgeführt wurden. Wir evaluierten Präferenzen für bestimmte Harmonien in Korrelation mit bestimmten emotional besetzten Szenen. Dazu erstellten wir eine Anzahl von Musikbeispielen auf CD, die von Daniela Willimek am Klavier eingespielt wurden und sich in Faktur, Tempo und Lautstärke ähnlich waren. Als Unterscheidungskriterium definierten wir die harmonische Struktur, explizit ganz bestimmte Akkorde, Akkordverbindungen oder charakteristische Skalen, auf denen die Musikbeispiele basierten. Auffallend war die hohe Übereinstimmung in der Präferenz der Probanden, die mehrheitlich ganz bestimmte Musikbeispiele als passend für bestimmte emotionale Inhalte auswählten, andere Musikbeispiele hingegen als unpassend für diese Inhalte ablehnten. Die jeweils präferierten Musikbeispiele beinhalteten stets bestimmte Harmonien, die den abgelehnten Musikbeispielen fehlten. Die Ergebnisse unserer Untersuchungen stützen unsere Annahme, dass es durchaus möglich ist, in musikalischen Strukturen encodierte Emotionalität abhängig von der Art der musikalischen Struktur bis zu einem gewissen Grad zu objektivieren. Ansichten, nach denen Musikrezeption nur subjektiv oder situativ bedingt wäre, wären somit nicht mehr ohne weiteres haltbar.

Wir führen erstens den sogenannten Rocky-Test (siehe S. 112ff) an. Dieser Test wurde erstmals im Jahr 1997 mit etwa 300 Probanden – zumeist Schüler allgemeinbildender Gymnasien – und zwischen 2008 und 2010 nochmals mit über 1700 Probanden und internationaler Beteiligung durchgeführt. Der Rocky-Test erfasst außer einigen personenbezogenen Daten wie Alter, Geschlecht und Spiel eines Musikinstruments Präferenzen für bestimmte Musikbeispiele in Korrelation mit emotional belegten Szenen eines Testmärchens. Die Auswertungen ergaben eine auffallend übereinstimmende Präferenz der Probanden für bestimmte Musikbeispiele in Korrelation zu bestimmten Szenen.

Wir führen zweitens den sogenannten Basis–Test (siehe S. 115ff) an, der im Januar 2011 mit 23 Schülern und Studenten durchgeführt wurde. Er erfasst ebenfalls einige personenbezogene Daten wie Alter, Geschlecht und Spiel eines Musikinstruments. Beim Basis-Test werden Präferenzen für einzelne musikalische Harmonien getestet. Durch die weitgehende Reduktion auf den Parameter der Harmonie – teils bestanden die Test-Items nur aus einem einzigen Akkord – sollten eventuell kontextbedingte Störfaktoren möglichst eliminiert werden. Auch bei diesem Test zeigte sich, dass Harmonien von den Probanden mit auffallend hoher Übereinstimmung denselben emotionalen Inhalten zugeordnet wurden.

Da sich der Rocky-Test und der Basis-Tests von der behandelten Thematik her teilweise überschneiden, bestätigen und ergänzen sie sich in diesen Teilen gegenseitig. Sowohl der Rocky-Test als auch der Basis-Test sind bewusst so konzipiert, dass sie ohne großen Aufwand jederzeit und überall wiederholbar sind, wo eine CD-Abspielmöglichkeit besteht. Außerdem sind sie vom zeitlichen Aufwand her jeweils in 15 Minuten durchführbar.

3.1 Entwicklung und Ziel der Studien und Testreihen

Anregungen für unsere Untersuchungen kamen hauptsächlich aus unseren Beobachtungen zur emotionalen Wirkung musikalischer Harmonien. Bei zunächst formlosen Befragungen, bei denen wir Personen aus unserem beruflichen und privaten Umfeld baten, sich zu verschiedenen Klängen zu äußern, wurden deutliche Tendenzen sichtbar, die wir systematisch erfassten und zur Entwicklung von Testreihen verwerteten. So beschrieben etwa Personen laut gespielte verminderte Septakkorde mit Begriffen wie Schrecken, Panik oder Verzweiflung. Beim übermäßigen Dreiklang waren es vorwiegend Begriffe, die mit Staunen, Zauber oder Wunder zu tun haben. Stücke in äolischem Moll wurden mit spannenden Szenen aus Western- oder Kriminalfilmen assoziiert. Klänge auf der Basis der Ganztonleiter wurden vor allem mit Wasser und Zuständen in Schwerelosigkeit in Verbindung gebracht. Die Subdominante mit Sixte ajoutée wurde mit Begriffen wie Geborgenheit, Happy End, heile Welt oder Verliebtsein assoziiert.

Wesentliche Impulse gewannen wir aus Analysen zahlreicher Liedvertonungen, schwerpunktmäßig aus der Romantik, Analysen aus dem Bereich der Filmmusik sowie der Rock-Pop-Musik. Durch die Koppelung von Musik und Text beziehungsweise von Musik und Filmszenen können Übereinstimmungen beim Zusammentreffen bestimmter emotional belegter Inhalte und bestimmter Harmonien konkret erfasst werden.

Diese Beobachtungen – sowohl die zahlreichen Äußerungen der befragten Personen zur Wirkung bestimmter Harmonien als auch die Verwendung dieser Harmonien im kompositorischen Kontext - ließen deutliche Übereinstimmungen mit den in der Strebetendenz-Theorie hergeleiteten emotionalen Charakteren von Harmonien erkennen. Das veranlasste uns, die Wirkung von Harmonien und ihrer emotionalen Wirkung in größerem Rahmen zu untersuchen. Wir entwickelten deshalb zwei Tests, mit denen dies auf unterschiedliche Weise geschah: den Rocky-Test und den Basis-Test.

3.2 Der Rocky-Test

Der Rocky-Test – wir nannten ihn so nach dem Protagonisten des Testmärchens, Prinz Rocky – ist ein musikalischer Präferenztest. Probanden hören dabei ein Märchen an, bei dem sie anhand acht emotional unterschiedlich geprägter Märchenszenen eine musikalische Untermalung auswählen sollen, die sie als passend für den Charakter der betreffenden Szene empfinden. Den Test ins Gewand eines Märchens zu kleiden, schien uns geeignet, um die direkte Konfrontation der Probanden mit ihrer eigenen Emotionalität zu umgehen und so eine Distanz schaffen zu können, die wir als der objektiven Beurteilung der Klänge zuträglich einschätzten. Der Test ist bewusst knappgehalten, seine Durchführung dauert lediglich eine Viertelstunde und erfordert einen minimalen Aufwand an Equipment: So genügt eine Abspielmöglichkeit zum Anhören des Testmärchens, das wir auf CD produziert haben. Der Märchencharakter des

Rocky-Tests legt die Verwendung zur Erfassung musikalischer Präferenzen von Kindern und Jugendlichen nahe, doch kann der Test auch mit Erwachsenen durchgeführt werden.

Beim Rocky-Test wird den Probanden ein Märchen, *Dornröschen und Prinz Rocky*, frei nach den Brüdern Grimm, auf CD vorgespielt. Darin geht es um Prinz Rocky, der auf seinem Weg ins Dornröschenschloss einige Abenteuer zu bestehen hat. Acht Szenen des Märchens sind mit jeweils zwei unterschiedlichen Musikbeispielen und jeweils identischer Sprechstimme ausgestattet, aus denen die Probanden das jeweils zur Szene passende Musikbeispiel auswählen sollten. Die acht Szenen thematisieren folgende emotional belegte Situationen:

1. *Wunder – die Dornenhecke wächst ums Dornröschenschloss*
2. *Wandern – Prinz Rocky macht sich auf den Weg zum Dornröschenschloss*
3. *Schwerelosigkeit – Rocky taucht ins Wasser*
4. *Verzweiflung – die Dornenhecke wird lebendig und erwürgt die anderen Prinzen, die ebenfalls Dornröschen befreien wollen*
5. *Mut – Rocky stellt sich der Gefahr und überwindet die Dornenhecke*
6. *Geborgenheit – Rocky weckt Dornröschen, die beiden verlieben sich*
7. *Wehmut – Rocky und Dornröschen müssen sich wieder trennen*
8. *Einsamkeit – Dornröschen fühlt sich verlassen*

3.2.1 Durchführung des Rocky-Tests

Der Rocky-Test wurde mit bislang 2016 Probanden an deutschen Schulen in Europa, Asien, Australien, Nord- und Südamerika als Gruppentest durchgeführt. Jeder Proband erhielt einen Fragebogen, der in acht Zeilen den acht Szenen des Testmärchens entspricht. Die Zeilen sind in zwei Spalten aufgeteilt. Die Spalten sind den beiden zur Wahl stehenden Musikbeispielen zugeordnet.

Waren die Probanden ausreichend über den Testablauf informiert, so wurde die Test-CD *Das Märchen von Dornröschen und Prinz Rocky* vorgespielt. Der Proband sollte sich bei jeder der acht Szenen für eine passende Musikuntermalung entscheiden und das gewählte Musikbeispiel auf dem Fragebogen ankreuzen. Danach wurden die Fragebögen vom Testleiter eingesammelt.

3.2.2 Ergebnis beim Rocky-Test

Beim Rocky-Test entschieden sich im Durchschnitt 87 % der Probanden übereinstimmend für die Beispiele, die durch die Strebetendenz-Theorie als mit bestimmten Emotionen korrelierend beschrieben werden. Außer der Durchschnittsquote wurden die Einzelergebnisse der verschiedenen Szenen ausgewertet. Die Aspekte des Alters, des Geschlechts und der instrumentalen Betätigung der Probanden sowie die Frage, ob die betreffende Schule ein spezielles Musikgymnasium ist oder ob sie allgemein ausbildet, wurden ebenso berücksichtigt und in separaten Auswertungen erfasst, sind jedoch an dieser Stelle nicht aufgelistet.

Die folgende Liste zeigt die einzelnen Märchenszenen des Rocky-Tests und ihren jeweiligen emotionalen Inhalt, die Harmoniestruktur des überwiegend ausgewählten Musikbeispiels und die Anzahl der Probanden, die dieses Musikbeispiel präferierten, in Prozent.

Szene 1: Die Dornenhecke überwuchert das Schloss.

> Wunder: 68 % wählten das Musikbeispiel mit den übermäßigen Dreiklängen (vgl. S. 75, Abbildung 96).

Szene 2: Prinz Rocky macht sich auf den Weg zum Schloss, um die Prinzessin zu befreien.

> Wandern: 85 % wählten das Musikbeispiel mit dem Wechsel Tonika-Dominante (vgl. S. 36, Abbildung 27).

Szene 3: Prinz Rocky taucht ins Wasser.

> Schwerelosigkeit: 84 % wählten das Musikbeispiel mit der Ganztonskala (vgl. S. 103, Abbildung 145).

Szene 4: Die Dornenhecke wird lebendig und erwürgt die anderen Prinzen.

> Verzweiflung: 88 % wählten das Musikbeispiel mit den verminderten Septakkorden (vgl. S. 53, Abbildung 54).

Szene 5: Prinz Rocky überwindet die Dornenhecke.

> Mut: 92 % wählten das Musikbeispiel in äolischem Moll (vgl. S. 31f, Abbildung 21).

Szene 6: Prinz Rocky und Dornröschen verlieben sich und fühlen sich geborgen.

> Geborgenheit: 93 % wählten das Musikbeispiel Subdominante mit Sixte ajoutée (vgl. S. 87, Abbildung 118).

Szene 7: Die Verliebten müssen sich trennen. Es folgt eine wehmütige Abschiedsszene.

> Wehmut: 93 % wählten das Musikbeispiel mit der Subdominante mit großer Septime (vgl. S. 83, Abbildung 109).

Szene 8: Dornröschen steht einsam am Fenster.

> Einsamkeit: 91 % wählten das Musikbeispiel Mollsubdominante mit Sixte ajoutée (vgl. S. 90, Abbildung 123).

3.2.3 Interpretation des Rocky-Tests

Bei der Auswertung der Testbögen wurden die Präferenzen der Probanden sowie deren sonstige Angaben statistisch erfasst. Bei der Zuordnung der Märchenszenen zu den Musikbeispielen zeigten sich deutliche Präferenzen für bestimmte Harmonien. Diese Präferenzen wiederum zeigen hohe Übereinstimmungen mit der theoretischen Herleitung durch die

Strebetendenz-Theorie. Dies interpretieren wir dahingehend, dass die emotionalen Charaktere von Harmonien prinzipiell im Sinn der Strebetendenz-Theorie empfunden werden.

3.3 Der Basis-Test

Der Basis-Test untersucht einzelne Harmonien weitgehend isoliert vom musikalischen Kontext. Die Musikbeispiele sind sehr kurz, ein bis zwei Takte lang, sie bestehen teils nur aus einem Akkord. Musikalische Abläufe werden auf ihre charakteristische Harmonie zurückgeführt. Unsere Intention bei der Entwicklung des Basis-Tests war es, Kontextparameter, die das Testergebnis eventuell hätten beeinflussen können, möglichst auszuschließen. Der Parameter Melodik beispielsweise ist im Basis-Test auf ein Minimum reduziert. Auch dieser Test ist problemlos jederzeit und überall durchführbar, wo eine CD-Abspielmöglichkeit besteht, und dauert ebenfalls nur etwa 15 Minuten. Die Musikbeispiele auf CD wurden von Daniela Willimek auf dem Klavier eingespielt.

Der Basis-Test ist ein Präferenztest und besteht aus Teil A und Teil B. In Teil A soll der Proband die fünf Begriffe *Verzweiflung, Wandern, Einsamkeit, magische Verwandlung* und *Sommertraum* fünf kurzen Musikpassagen zuordnen. Der B-Teil enthält eine Auswahl an Harmonien, Skalen und Intervallen, die der Proband hinsichtlich der emotionalen Wirkung vergleichen soll, eine Aufgabe verlangt die Zuordnung einer von drei Beschreibungen zu einer Folge von lauter werdenden Moll-Akkorden.

3.3.1 Durchführung des Basis-Tests

Der Test wurde mit 18 Musikschülern der Städtischen Musikschule Mannheim und mit 5 Studenten der Hochschule für Musik Karlsruhe jeweils als Einzeltest durchgeführt. Jeder Proband erhielt einen Fragebogen. Waren die Probanden ausreichend über den Testablauf informiert, so wurden die Musikbeispiele auf CD vorgespielt. Im A-Teil des Tests sollten fünf Musikbeispiele fünf emotional belegten Begriffen zugeordnet werden, im B-Teil sollte das jeweils präferierte Musikbeispiel angekreuzt werden. Der ausgefüllte Fragebogen wurde vom Testleiter eingesammelt.

3.3.2 Ergebnis beim Basis-Test Teil A

Bei 5 Fragen entschieden sich die 23 Probanden im Durchschnitt zu 91% für dasjenige Musikbeispiel, das der Strebetendenz-Theorie entsprechend als passend zur jeweiligen Emotion beschrieben wird. Der verminderte Septakkord im Fortissimo wurde als Ausdruck von Verzweiflung identifiziert, der Wechsel Tonika-Dominante als Ausdruck von Bewegung. Größte Übereinstimmung mit jeweils 96% erzielten die Mollsubdominante mit Sixte ajoutée als Klang der Einsamkeit und der übermäßige Dreiklang als Klang der magischen Verwandlung. Als zum Begriff Sommertraum passend gaben die Probanden der „wehmütigen" Subdominante mit großer Septime den Vorzug vor den anderen Musikbeispielen.

Die emotionalen Begriffe mit den passenden Akkorden und den Trefferquoten in Prozent:

Beispiel 1:

Verzweiflung: 87% wählten das Beispiel mit dem verminderten Septakkord (vgl. S. 52, Abbildung 53).

Beispiel 2:

Wandern: 87% wählten das Beispiel mit dem Wechsel Tonika-Dominante (vgl. S. 35, Abbildung 26).

Beispiel 3:

Einsamkeit: 96% wählten das Beispiel mit der Sixte ajoutée in Moll (vgl. S. 90, Abbildung 122).

Beispiel 4:

Magische Verwandlung: 96% wählten das Beispiel mit dem übermäßigen Dreiklang (vgl. S. 75, Abbildung 95).

Beispiel 5:

Sommertraum: 91% wählten das Beispiel mit der Subdominante (vgl. S. 82, Abbildung 108).

3.3.3 Ergebnis beim Basis-Test Teil B

Auch der B-Teil des Basis-Tests ergab mit durchschnittlich 92 % eine hohe Übereinstimmung bei der Präferenz der Harmonien im Sinne der Strebetendenz-Theorie. 70 % der Probanden fanden, dass das Beispiel mit der Tonikaparallele abenteuerlicher klinge als das mit Molltonika und Dur-Dominante. Alle Teilnehmer identifizierten den crescendierenden Mollakkord als Ausdruck der Verwandlung eines Gefühls von Trauer in Wut. Ebenso eindeutig gaben alle Probanden der kleinen Sexte als Ausdruck von Bedrohlichkeit den Vorzug gegenüber der großen Sexte. Die Sixte ajoutée in Dur wurde von 96% der Probanden als Ausdruck von Geborgenheit präferiert, und die Ganztonleiter empfanden ebenfalls 96% als passender für eine Szene unter Wasser.

Die emotionalen Begriffe mit den passenden Akkorden und den Trefferquoten in Prozent:

Beispiel 1:

Abenteuerlich: 70% wählten das Beispiel in äolischem Moll (vgl. S. 31, Abbildung 19).

Beispiel 2:

Aus Trauer wird Wut: 100% wählten das Beispiel mit dem lauter werdenden Mollakkord (vgl. S. 26, Abbildung 12).

Beispiel 3:

Bedrohlich: 100% wählten das Beispiel mit der kleinen Sexte (vgl. S. 106, Abbildung 152).

Beispiel 4:

Geborgenheit: 96% wählten das Beispiel mit der Sixte ajoutée in Dur (vgl. S. 87, Abbildung 116).

Beispiel 5:

Unter Wasser: 96% wählten das Beispiel mit der Ganztonskala (vgl. S. 102, Abbildung 143).

3.3.4 Interpretation des Basis-Tests

Bei der Auswertung der Testbögen wurden die Präferenzen der Probanden sowie die personalisierten Angaben zu Alter, Geschlecht und Spiel eines Musikinstruments statistisch erfasst. Bei der Zuordnung der fünf Musikbeispiele zu den fünf emotionalen Begriffen zeigte sich eine hohe Übereinstimmung der als passend empfundenen Musikbeispiele. Diese Präferenzen wiederum zeigen hohe Übereinstimmungen mit der theoretischen Herleitung durch die Strebetendenz-Theorie. Auch diese Ergebnisse weisen darauf hin, dass emotionale Charaktere von Harmonien prinzipiell im Sinn der Strebetendenz-Theorie empfunden werden.

4 Zusammenfassung und Ausblick

Auf mehrfache Weise haben wir gezeigt, dass sich Emotionen wie beispielsweise Freude, Trauer oder Wut dann musikalisch darstellen lassen, wenn sie auf abstrakte Willensinhalte zurückgeführt werden können. Im Umkehrschluss können Emotionen, die sich nicht auf abstrakte Willensinhalte zurückführen lassen, wie etwa Scham, Eifersucht oder Neid, auch nicht musikalisch dargestellt werden.

Durch die Erklärung der musikalisch darstellbaren Emotionen anhand von abstrakten Willensinhalten haben wir ein wesentliches Argument für die Grundaussage der Strebetendenz-Theorie angeführt. Weiter konnten wir zeigen, dass die Ergebnisse unserer Tests auf einen konkreten Zusammenhang zwischen musikalischen Harmonien und Emotionen hinweisen, der über rein subjektive Wahrnehmungen weit hinausgeht. Dieser Zusammenhang ließ sich durch Analysen der Liedliteratur anhand des Zusammentreffens von Text und musikalischer Harmonie bestätigen.

Im theoretischen Teil dieses Buches haben wir die Wirkung musikalischer Harmonien nach dem Prinzip der Strebetendenz-Theorie auf Identifikationen mit abstrakten Willensinhalten zurückgeführt. Dabei wurden deutliche Übereinstimmungen mit unseren Testergebnissen und der kompositorischen Verwendung von Harmonien sichtbar. All dies legt nahe, dass musikalische Harmonien nach dem durch die Strebetendenz-Theorie beschriebenen Prinzip empfunden werden. Aus diesen Gründen halten wir die Strebetendenz-Theorie für ein brauchbares Modell zur Erklärung der emotionalen Wirkung musikalischer Harmonien.

Unsere Studien auf der Basis der Strebetendenz-Theorie können in vielen Bereichen der Musikbetrachtung eine fruchtbare Neuorientierung ermöglichen, indem musikalische Abläufe verbalisiert und in ihrer emotionalen Wirkung begründet werden können. Die musikpsychologische Forschung kann die in diesem Buch anhand konkreter Akkorde und Akkordverbindungen beschriebene emotionale Wirkung von Harmonien mit Methoden der heutigen Hirnforschung musikalisch sinnvoll verbinden. Der Interpret, der der Intention des Komponisten entsprechen will, kann Klarheit gewinnen über bisher mehr oder weniger vage empfundene Ausdrucksabsichten kompositorischer und interpretatorischer Art. Der Instrumentalpädagoge kann seine interpretatorischen Anweisungen aus der Musik heraus konkretisieren und begründen. Einen besonderen Nutzen können wir uns auch für die Musiktherapie vorstellen, wo der Patient primär auf emotionaler Ebene angesprochen wird.

Wenn dieses Buch dem empfindsamen Forscher eine Hilfe dabei ist, dem Verständnis der emotionalen Wirkung von Musik auf eine neue Art näherzukommen, dann hat es seinen Zweck erreicht.

Die Autoren

Daniela Willimek studierte Klavier in Karlsruhe und Wien und schloss ihre Studien mit dem Konzertexamen mit Auszeichnung ab. Sie war Stipendiatin der Studienstiftung des Deutschen Volkes, der Richard-Wagner-Stipendienstiftung Bayreuth und der Brahms-Gesellschaft Baden-Baden, erhielt Preise und Auszeichnungen bei nationalen und internationalen Klavierwettbewerben und initiierte unter ihrem Mädchennamen Daniela Steinbach eine CD- Reihe mit Klaviermusik von Komponistinnen, »Faszination Frauenmusik«. Sie ist Dozentin für Klavier an der Hochschule für Musik Karlsruhe. Ihr Forschungsschwerpunkt ist die emotionale Wirkung musikalischer Harmonien. Darüber erschienen Publikationen im In- und Ausland.

Bernd Willimek, geboren 1954 in Pforzheim, studierte Mathematik und Physik an der Universität Karlsruhe, heute KIT, sowie Musiktheorie und Komposition an der Hochschule für Musik Karlsruhe bei Eugen Werner Velte und legte sein Diplom 1987 ab. Er ist Autor der Strebetendenz-Theorie, ein Modell zur Erklärung der emotionalen Wirkung von Musik. Bernd Willimek konzipierte zusammen mit seiner Frau Daniela Willimek eine internationale Studie zur emotionalen Wahrnehmung musikalischer Harmonien auf der Basis der Strebetendenz-Theorie. Dazu hielt er zusammen mit seiner Frau Vorträge in Deutschland, Österreich, Kroatien, Großbritannien, Russland und Japan.

Dank

Für die musiktheoretischen Anregungen sind wir Prof. Diether de la Motte (†) und Prof. Peter-Michael Riehm (†) zu Dank verpflichtet. Für Hinweise zum physikalischen Hintergrund der Strebetendenz-Theorie danken wir Dr. Daniel Hänschke, KIT, sowie Prof. Dr. Heinz Kunle (†) und Prof. Dr. Dieter Köhnlein, beide ehemals Universität Karlsruhe (heute KIT). Wir bedanken uns ebenso bei unseren zahlreichen Testteilnehmern. Insbesondere gilt unser Dank folgenden Bildungsstätten: Swiss School/Deutschsprachige Schule Bangkok, Melanchthon-Gymnasium Bretten, Hebelschule Bretten, Colegio Pestalozzi Buenos Aires, Sächsisches Landesgymnasium für Musik Carl Maria von Weber Dresden, Altes Gymnasium Flensburg, Deutsche Schule Helsinki, Karl-Friedrich-Gymnasium Mannheim, Salzach-Gymnasium Maulbronn, Pestalozzi-Gymnasium München, Deutsche Botschaftsschule Peking, Musikgymnasium der Regensburger Domspatzen, Deutsche Schule Stockholm, Deutsche Internationale Schule Sydney, Deutsche Schule Tokyo Yokohama, Landesgymnasium für Musik Sachsen-Anhalt Wernigerode, Deutsche Internationale Schule Washington D.C. und Realgymnasium der Wiener Sängerknaben.

Wir danken unseren beiden Kindern, Sina und Thorben, für ihre unermüdliche Bereitschaft, sich als Probanden bei der Testentwicklung zur Verfügung zu stellen. Unser besonderer Dank gilt Herrn Prof. Dr. Dr. Werner E. Gerabek und dem Deutschen Wissenschafts-Verlag (DWV) für die Publikation dieses Buches.

Daniela und Bernd Willimek
Bretten, im April 2019

Literaturverzeichnis

Abel, Angelika. „Die Zwölftontechnik Weberns und Goethes Methodik der Farbenlehre/Zur Kompositionstheorie und Ästhetik der Neuen Wiener Schule." *Beihefte zum Archiv für Musikwissenschaft*, 1982.

Bach, Johann Sebastian. „Ach Gott, vom Himmel sieh darein." In *Johann Sebastian Bach/371 vierstimmige Choralgesänge*, 122. Wiesbaden: Breitkopf & Härtel, o.J.

—. *Air from Suite No. 3 in D/'Air on the G string'*. London: Peters, 1992.

—. *Matthäus-Passion, BWV 244*. Kassel, Basel, Tours, London: Bärenreiter, 1973.

Beethoven, Ludwig van. *Klaviersonate op. 31/3*. Bd. 2, in *Beethoven/Klaviersonaten*, Herausgeber: B. A. Wallner. München: Henle, 1953.

Behne, Klaus-Ernst, Günter Kleinen, und Helga de la Motte-Haber, . *Musikpsychologie/Jahrbuch der Deutschen Gesellschaft für Musikpsychologie*. Bd. 16. Göttingen/Bern/Toronto/Seattle: Hogrefe, 2002.

Bempéchat, Paul-André. *Jean Cras/Polymath of Music and Letters*. New York: Taylor & Francis, 2009.

Best of the Rolling Stones. Bd. 1. London: Music Sales Limited, 1979.

Björnberg, Alf. „On Aeolian Harmony in Contemporary Popular Music." In *Critical Essays in Popular Musicology*, Herausgeber: Allan F. Moore, 275 - 282. Burlington: Ashgate, 2007.

Böhme, Erdmann Werner, Hrsg. *Deutsche Lieder/Heimat, Volk, Studentsein/Weisen aus dem Allgemeinen Deutschen Kommersbuch/Klavierausgabe*. 4. Lahr: Schauenburg, 1992.

Brahms, Johannes. *Ein deutsches Requiem op. 45/Klavierauszug*. Frankfurt/London/New York: Peters, o.J.

Brahms, Johannes. „Klavierstücke op. 118/6 Intermezzo." In *Joh. Brahms/Klavierstücke*, Herausgeber: Monica Steegmann, 100-103. München: Henle, 1976.

Carmichael, Hoagy, und Stuart Gorrell. *Georgia On My Mind*. Hamburg: Alba, 1959.

Connolly, Ray, Hrsg. *The Beatles Complete*. London/New York/Sydney: Wise Publications, 1983.

Cooke, Deryck. *The Language Of Music*. Oxford, New York: Oxford University Press, 1959.

Dachs, Michael, und Paul Söhner. *Harmonielehre*. 4. Bd. 2. München: Kösel, 1974.

Dahlhaus, Carl, und Hans Heinrich Eggebrecht, . *Brockhaus Riemann Musiklexikon*. 2. Bd. 3. Mainz: Schott, 1989.

Debussy, Claude. *Images*. Bd. 2. München: Henle, 1990.

Della Bella, Simone u.a. *Development of the Happy-Sad Distinction in Music Appreciation*. Bd. 930, in *The Biological Foundations of Music*, 436-438. New York: New York Academy of Sciences, 2001.

Dörffel, Alfred, Hrsg. *Robert Schumann/Sämtliche Lieder.* Bd. 2. Leipzig: Peters, 1911.

Feil, Arnold. *Franz Schubert/Die schöne Müllerin/Winterreise.* Stuttgart: Reclam, 1975.

Fink, Gottfried Wilhelm. *Der musikalische Hauslehrer.* Whitefish (Montana): Kessinger Pub Co, 2010.

Finscher, Ludwig, Hrsg. *Die Musik in Geschichte und Gegenwart: allgemeine Enzyklopädie der Musik.* 2. Kassel u.a.: Bärenreiter/Metzler, 2003.

Fischer-Dieskau, Dietrich, Hrsg. *Franz Schubert/Lieder.* Bd. 1. Frankfurt/Leipzig/London/New York: Peters, 1985.

Friedländer, Max, Hrsg. *Franz Schubert/Lieder.* Bd. 2. Frankfurt/Leipzig/London/New York: Peters, o.J.

Friedländer, Max, Hrsg. *Schumann/Sämtliche Lieder.* Bd. 1. London/Frankfurt/New York: Peters, o.J.

Gabrielsson, Alf. „Emotions in Strong Experiences with Music." Kapitel 19 von *Music and Emotion/Theory and research*, Herausgeber: Patrik N. Juslin und John A. Sloboda, 431-449. Oxford: Oxford University Press, 2001.

„Gaudeamus igitur." In *Deutsche Lieder/Heimat, Volk, Studentsein/Weisen aus dem allgemeinen Deutschen Kommersbuch/Klavierausgabe*, Herausgeber: Erdmann Werner Böhme, 165. Lahr: Schauenburg, 1992.

Georgiades, Thrasybulos G. *Schubert/Musik und Lyrik.* Göttingen: Vandenhoeck & Ruprecht, 1967.

Glück, Friedrich, und Joseph von Eichendorff. „In einem kühlen Grunde." In *Deutsche Lieder/Heimat, Volk, Studentsein/Weisen aus dem Allgemeinen Deutschen Kommersbuch/Klavierausgabe*, Herausgeber: Erdmann Werner Böhme, 73. Lahr: Schauenburg, 1992.

Güldenstein, Gustav. *Theorie der Tonart.* 2. Basel: Schwabe & Co, 1973.

Gutman, Robert. *Richard Wagner/Der Mensch, sein Werk, seine Zeit.* Übersetzung: Horst Leuchtmann. München: Piper, 1970.

Hammer, Norbert. *Mediendesign für Studium und Beruf/Grundlagenwissen und Entwurfssystematik in Layout, Typografie und Farbgestaltung.* Heidelberg: Springer, 2008.

Haselböck, Lukas. „Zur Aktualität der Musikpsychologie Ernst Kurths." In *Musiktheorie als interdisziplinäres Fach/8. Kongress der Gesellschaft für Musiktheorie Graz 2008*, Herausgeber: Christian Utz, 161-172. Saarbrücken, 2010.

Haydn, Joseph, und August Heinrich Hoffmann von Fallersleben. „Das Lied aller Deutschen." In *Deutsche Lieder/Heimat, Volk, Studentsein/Weisen aus dem Allgemeinen Deutschen Kommersbuch/Klavierausgabe*, Herausgeber: Erdmann Werner Böhme, 6. Lahr: Schauenburg, 1992.

Helmholtz, Hermann von. *Die Lehre von den Tonempfindungen als Physiologische Grundlage für die Theorie der Musik.* 6. Wiesbaden: Springer, 2013.

Herzfeld, Friedrich. *Ullstein Musiklexikon.* Berlin/Frankfurt a. M./Wien: Ullstein, 1965.

Heumann, Hans-Günter, Hrsg. *Romantic Pop Piano.* Bde. 1-5. Berlin: Bosworth, 2011.

Hindemith, Paul. *Unterweisung im Tonsatz.* Bd. 1. Mainz: B. Schott's Söhne, 1940.

Honegger, Marc, und Günther Massenkeil, . *Das große Lexikon der Musik.* Bd. 8. Freiburg im Breisgau: Herder, 1982.

Honegger, Marc, und Günther Massenkeil, . *Das große Lexikon der Musik.* Bd. 5. Freiburg im Breisgau: Herder, 1981.

Hörmann, Karl. „Ton-Psychologie." *Musik-, Kunst- und Tanztherapie*, 2014: 81-111.

Huron, David. *Sweet Anticipation/Music and the Psychology of Expectation.* Cambridge (Massachusetts): MIT Press, 2006.

Jaedtke, Wolfgang. „Popmusik als Epochenstil/Versuch einer musikhistorischen und musiktheoretischen Aufarbeitung." In *Populäre Musik im kulturwissenschaftlichen Diskurs/Beiträge 25/26/Beiträge zur Popularmusikforschung*, Herausgeber: Helmut Rösing und Thomas Phleps, 201-216. Karben: Coda, 2000.

Jagger, Mick, und Keith Richards. *Angie.* Bd. 1, in *Best of the Rolling Stones*, 7-9. London: Music Sales Limited, 1979.

Jagger, Mick, und Keith Richards. *Let's Spend the Night Together.* Bd. 1, in *Best of the Rolling Stones*, 26-29. London: Music Sales Limited, 1979.

Jagger, Mick, und Keith Richards. *Satisfaction.* Bd. 1, in *Best of the Rolling Stones*, 42-44. London: Music Sales Limited, 1979.

Juslin, Patrik N., und John A. Sloboda, . *Music and Emotion/Theory and Research.* Oxford/New York: Oxford University Press, 2008.

Keppler, Angela. „Person und Figur/Identifikationsangebote in Fernsehserien." *Montage AV/Zeitschrift für Theorie und Geschichte audiovisueller Kommunikation*, 1995: 85-99.

Kirchner, Friedrich, und Carl Michaëlis. *Wörterbuch der philosophischen Grundbegriffe.* 5. Leipzig: Verlag der Dürr'schen Buchhandlung, 1907.

Kreutz, Gunter. *Jede Sehnsucht hat eine Melodie/Basisemotionen in der Musik und im Alltag.* Bd. 16, in *Musikpsychologie/Jahrbuch der Deutschen Gesellschaft für Musikpsychologie*, Herausgeber: Klaus-Ernst Behne, Günter Kleinen und Helga de la Motte-Haber, 66-83. Göttingen: Hogrefe, 2002.

Kühn, Clemens. *Akkord.* Bd. 3, in *Die Musik in Geschichte und Gegenwart*, Herausgeber: Ludwig Finscher, 356-366. Kassel u.a.: Bärenreiter/Metzler, 2003.

Kungel, Reinhard. *Filmmusik für Filmemacher.* Heidelberg: dpunkt.verlag, 2008.

Kurth, Ernst. *Musikpsychologie.* Hildesheim/New York: Olms, 1969.

—. *Romantische Harmonik und ihre Krise in Wagners "Tristan".* Hildesheim: Olms, 1968.

Lack, Ekkehard. *Ästhetik des Anderen: das sogenannte Gebrochene im symphonischen Werk Gustav Mahlers und die Frage der unterrichtlichen Vermittelbarkeit.* Hamburg: Kovač, 1999.

Larionow, Iwan Petrowitsch. „Kalinka." In *Russland in seinen Liedern/Eine Auswahl unvergessener Volksweisen*, 22. Hamburg: Sikorski, 1980.

Lennon, John, und Paul McCartney. „Yesterday." In *The Beatles Complete*, Herausgeber: Ray Connolly, 140. London/New York/Sydney: Wise, 1983.

Loewe, Carl. *Ausgewählte Balladen und Lieder.* Bd. 1. Mainz/London/New York/Tokyo: Schott's Söhne, 1919.

Marx, Adolph Bernhard. *Allgemeine Musiklehre/Ein Hülfsbuch für Lehrer und Lernende in jedem Zweige musikalischer Unterweisung.* Wiesbaden: Breitkopf und Härtel, 1839.

Mayring, Philipp. *Klassifikation und Beschreibung einzelner Emotionen.* Bd. 5, Kapitel 7 von *Psychologie der Emotionen*, Herausgeber: Herbert Selg und Dieter Ulich, 131-181. Stuttgart: Kohlhammer, 1992.

Mendelssohn Bartholdy, Felix, und Joseph von Eichendorff. „Abschied vom Walde." In *Deutsche Lieder/Heimat, Volk, Studentsein/Weisen aus dem Allgemeinen Deutschen Kommersbuch/Klavierausgabe*, Herausgeber: Erdmann Werner Böhme, 87. Lahr: Schauenburg, 1992.

Moore, Allan F., Hrsg. *Critical Essays in Popular Musicology.* Burlington: Ashgate, 2007.

Moser, Hans Joachim. *Musik Lexikon.* 4. Bd. 1. Hamburg: Sikorski, 1955.

—. *Musik Lexikon.* 4. Bd. 2. Hamburg: Sikorski, 1955.

Moser, Jürgen. *Rock Piano.* Bd. 2. Mainz: Schott, 1985.

Motte, Diether de la. *Harmonielehre.* 4. Kassel: Bärenreiter, 1983.

Motte-Haber, Helga de la. *Musikpsychologie/Eine Einführung.* 3. Laaber: Laaber, 1984.

Mozart, Wolfgang Amadeus. *Don Giovanni/Klavierauszug.* Budapest: Könemann, o.J.

—. *Klaviersonaten.* Herausgeber: Ernst Herttrich. Bd. 2. München: Henle, 1977.

Nagel, Willi, Hrsg. *Russland in seinen Liedern/Eine Auswahl unvergessener Volksweisen/Klavierausgabe.* Hamburg: Sikorski, 1980.

Nägeli, Hans Georg, und Johann Martin Usteri. „Freut euch des Lebens." In *Deutsche Lieder/Heimat, Volk, Studentsein/Weisen aus dem Allgemeinen Deutschen Kommersbuch/Klavierausgabe*, Herausgeber: Erdmann Werner Böhme, 71. Lahr: Schauenburg, 1992.

Neufeld, Marc. *Die Bedeutung von Liedern in der Lebensgeschichte/Das Liedinterview als therapeutisches Instrument.* Wiesbaden: Reichert, 2011.

Nietzsche, Friedrich, Giorgio Colli, und Mazzino Montinari. *Werke/Kritische Gesamtausgabe/3. Abteilung.* 2. Bd. 5. Berlin/New York: de Gruyter, 1997.

Obermayer, Bastian. „Es kann nur ein Lied geben." *Südeutsche Zeitung Magazin*, 21. 09. 2012: 24-29.

Oehlmann, Werner, Hrsg. *Reclams Liedführer.* 4. Stuttgart: Reclam, 1993.

Olias, Lotar, und Walter Rothenburg. *So ein Tag, so wunderschön wie heute.* Hamburg: Sikorski, 1954.

Pfeiffer, Theodor, und Konrad Ferdinand Meyer. „Morgenlied." In *Deutsche Lieder/Heimat, Volk, Studentsein/Weisen aus dem Allgemeinen Deutschen Kommersbuch/Klavierausgabe*, Herausgeber: Erdmann Werner Böhme, 338. Lahr: Schauenburg, 1992.

Ravel, Maurice. *Gaspard de la nuit.* Herausgeber: Peter Jost. München: Henle, 2010.

Schmid, Martin Anton. *Formelbuch der Harmonielehre.* Hamburg: Diplomica, 2012.

Scholz, Harald. *Harmonik im musikalischen Mainstream der Jahre 2001 bis 2010: Untersuchungen zu den Top-10-US-R'n'B-/HipHop-Songs mit Sprechgesang.* Münster u.a.: Lit, 2014.

Schönberg, Arnold. *Harmonielehre.* 3. Wien: Universal Edition, 1922.

Schopenhauer, Arthur. *Die Welt als Wille und Vorstellung.* 3. Bd. 1. Leipzig: Brockhaus, 1859.

Schubert, Franz. *Impromptus/Moments musicaux.* München: Henle, 1974.

Schubert, Franz, und Ernst Schulze. *Im Frühling.* Bd. 2, in *Schubert/Lieder*, Herausgeber: Max Friedländer, 227. Frankfurt/Leipzig/London/New York: Peters, o.J.

Schubert, Franz, und Heinrich Heine. *Schwanengesang.* Bd. 1, in *Franz Schubert/Lieder*, Herausgeber: Dietrich Fischer-Dieskau. Frankfurt/Leipzig/London/New York: Peters, 1985.

Schubert, Franz, und Johann Wolfgang von Goethe. *Erlkönig.* Bd. 1, in *Schubert/Lieder*, Herausgeber: Max Friedländer, 170. Frankfurt/New York/London: Peters, o.J.

Schubert, Franz, und Wilhelm Müller. *Die schöne Müllerin.* Bd. 1, in *Franz Schubert/Lieder*, Herausgeber: Dietrich Fischer-Dieskau. Frankfurt/Leipzig/London/New York: Peters, 1985.

Schubert, Franz, und Wilhelm Müller. *Winterreise.* Bd. 1, in *Franz Schubert/Lieder*, Herausgeber: Dietrich Fischer-Dieskau. Frankfurt/Leipzig/London/New York: Peters, 1985.

Schumann, Robert. *Album für die Jugend Opus 68.* Herausgeber: Wolfgang Boetticher. München: Henle, 1977.

—. *Kinderszenen Opus 15.* Herausgeber: Wolfgang Boetticher. München: Henle, 1977.

Schumann, Robert, und Heinrich Heine. *Hör' ich das Liedchen klingen.* Bd. 1, in *Schumann/Sämtliche Lieder*, Herausgeber: Max Friedländer, 124-125. London, Frankfurt, New York: Peters, o.J.

Schumann, Robert, und Joseph von Eichendorff. *Mondnacht.* Bd. 1, in *Schumann/Sämtliche Lieder*, Herausgeber: Max Friedländer, 68-69. London/Frankfurt/New York: Peters, o.J.

Senneville, Paul de. *Ballade pour Adeline.* Bd. 1, in *Romantic Pop Piano*, Herausgeber: Hans-Günter Heumann, 14-15. Berlin: Bosworth, 2011.

Senneville, Paul de, und Olivier Toussaint. *Ballade pour Adeline* . Bde. 1-5, in *Romantic Pop Piano* , Herausgeber: Hans-Günter Heumann. Berlin: Bosworth, 2011.

Sloboda, John Anthony, und Patrik N. Juslin. *Affektive Prozesse: Emotionale und ästhetische Aspekte musikalischen Verhaltens.* Bd. 1, Kapitel 19 von *Allgemeine Musikpsychologie*, Herausgeber:

Thomas H. Stoffer und Rolf Oerter, Übersetzung: Thomas H. Stoffer, 767-841. Göttingen/Bern/Toronto/Seattle: Hogrefe, 2005.

Stoffer, Thomas H./Oerter, Rolf, Hrsg. *Allgemeine Musikpsychologie.* Göttingen/Bern/Toronto/Seattle: Hogrefe, 2005.

Uhde, Jürgen. *Beethovens Klaviermusik.* Bd. 3. Stuttgart: Reclam, 1974.

Ulich, Dieter, und Philipp Mayring. *Psychologie der Emotionen.* Herausgeber: Herbert Selg und Dieter Ulich. Bd. 5. Stuttgart: Kohlhammer, 1992.

Utz, Christian, Hrsg. *Musiktheorie als interdisziplinäres Fach/8. Kongress der Gesellschaft für Musiktheorie Graz 2008.* Saarbrücken: Pfau, 2010.

Wagner, Richard. *Der fliegende Holländer/WWV 63/Klavierauszug.* Herausgeber: Gustav Brecher. Leipzig/London/New York: Peters, 2002.

Watrin, Monique. *Brel/La quête du bonheur.* Clamart: Sévigny, 1990.

Weiser, Michael. „,Tristan'-Alphabet." *Festspiel-Kurier,* 2015.

Willimek, Bernd. „Das musikalische Raumphänomen." Diplomarbeit, Musiktheorie, Hochschule für Musik Karlsruhe, Karlsruhe, 1987.

—. „Die Strebetendenz-Theorie." *Tonkünstlerforum Baden-Württemberg,* September, Dezember 1998.

Willimek, Bernd, und Daniela Willimek. *Sound and Emotions/The Theory of Musical Equilibration.* Bd. 3, in *Music on Stage Volume III,* Herausgeber: Schopf, 202-223. Cambridge: Cambridge Scholars Publishing, 2018.

Willimek, Daniela, und Bernd Willimek. „The Theory of Musical Equilibration and the Use of Stimulus Chords in Romantic Lieder." In *Prodeedings of the Sempre MET 2018/Researching Music, Education, Technology,* Herausgeber: Evangelos Himonides, Andrew King und Francisco Cuadrado, 45-48. London: International Music Education Research Centre, 2018.

Wilson, Morris Emett. *How to Play by Ear.* London: Abelard-Schuman, 1955.

Wirtz, Markus Antonius, Hrsg. *Dorsch/Lexikon der Psychologie.* 18. Bern: Hogrefe, 2014.

Zentner, Wilhelm. *Reclams Opern- und Operettenführer.* 33/20. Herausgeber: Wilhelm Zentner und Anton Würz. Stuttgart: Reclam, 1991.